デジタル・ファイナンス革命

KPMGコンサルティング
後藤友彰＋山田和延

東洋経済新報社

はじめに

早くも3月になり、消費財メーカーのＡＢＣ社においても例外なく年度末の決算対応が迫ってきた。計数管理の責任者も兼務する経理財務部長の山田は、立川ＣＦＯに対する年度末の決算数値の着地見込みの報告にあたり、新たに導入されたＥＰＭツールにて消費者動向指数や気象情報などの外部データと内部データをＡＩによってマッチングさせ傾向分析された見通し情報と、営業から提出された見通し情報との比較分析を実施している。

「以前の営業の見通しは部署によって精度がばらついて妥当性を検証したり、何かと内部調整が大変だったが、かなり楽になったな……いい加減な見通ししか出さない後藤営業部長をぎゃふんと言わせてやろう（笑）」

一昨年まで実施した全社をあげての経営管理高度化・経理財務変革プロジェクトのおかげで、リアルタイムの部門別売上レポートや製品別収支見込はＥＰＭツールを用いて自動生成されるため、担当者にいちいち確認しなくてもその推移が把握できるようになった。また、オープン・オルタナティブ双方の外部データを社内システムに取り込むことができるようになったことで、ＡＩから提示された社外の市場動向を反映した売上予測シナリオと社内データとの関連チェックができるようになり、検討データの客観性が増し、見通し精度が向上した。結果、各種誤謬の修正や不要な調整業務が減り、本来注力すべき収支見通しを踏まえた増販キャンペーンや在庫処分などの改善アクションがいち早く打てるようになったことが経営上何よりも大きな効果となっている。

加えて、古くて新しいテーマである製品別のＰＳＩ（生産販売在庫）情報と原価情報や設備稼働率・要員情報等をリアルタイムで統合し精度の高い収支見通しを管理する仕組みも、今回のＥＰＭツールで全社データを一元管理できたおかげで簡単に可視化できるようになり、昔を知る生産管理や情報システム部門にとってはよい意味で大きなサプライズであった。

関根情報システム部長はこう語る。

「収支見通しから生産と在庫調整をどうすべきかデータを出せと指示されても、昔は人海戦術で生産管理データと在庫受払データと出荷データと経理の収支分析情報をつなぎあわせて、なんて作業をしていると気がつくと1カ月以上経っていた、それでも分析資料ができ上がらないなんてことはザラでした。役員会でも半世紀は無理だろうと半ば諦められていたのですが、導入したEPMツールのおかげで経営からの依頼にもタイムリーに応えることができ、しかも早く帰って一杯行けるなんて夢みたいですね」

「関根さん、ありがとうございます。こちらには先日入社したデータサイエンティストもいますから、多次元分析などもどんどんご依頼くださいね」

山田部長は最近こうやって誇らしげに経理財務組織のリーン化（メリハリをつけた要員配置と再編）および新戦力投入の成果を各部門に語っているのである。話が長くなりがちなのが欠点であるが。


一方、経理財務部門のオペレーション現場も大きく様変わりした。経営管理高度化の前提はスピーディな実績情報の提供をローコストで実現することである、というお題目のもと経理財務部門の業務も変革・自動化された。

「中嶋さん、今年度の消耗品費内訳と過去3年間の発生トレンドがわかるレポートを準備してくれますか？」

ウェアラブルデバイスを身につけながら自動処理された連結消去明細の検証を行っている中嶋課長はすぐに答えた。

「山田さん、いまチャットボットに依頼入れたところ、レポートがあがってきましたが、確認する限り山田さんのご期待に沿うものだと思います。明細リンクがメールで届きますので確認いただけますか？」

「早速ありがとう、中嶋さんには決算の締め作業もしてもらっているから手を止めるのは申し訳ないからね、助かります」

チャットボットには、プロジェクトにおいて十分なマシンラーニングを実施し、勘定科目の目的別分類方法、社外データを含めた相関分析パターン等々、情報収集に必要な項目を定義したおかげで、もちろん例外や不可能項目はあるものの、今回のような定期的な費用発生状況の調査や買掛金計上の仕訳計上、売掛金の入金消込、取引先別債権債務レポートなど、多くの業務については、チャットボットに話しかければ自動的にレポートが作成されたり会計システムに自動計上できる仕組みを構築できたことは決算作業の早期化や効率化の観点で非常に大きかった。

「衣笠さん、期末監査に向けて社内の準備状況はどうなっていますか？」

「はい、日常の自動不正検知レポートを見る限りでは現地法人の取引に一部怪しい取引がありましたが、それらはすでに現地の部門責任者に確認して状況は把握できています。あとはリスクレポートと内部統制整備状況を監査人に確認していただくだけですね」

「そうですか、安心しました。日々オートメーションで取引を全件確認した上で我々内部監査部門が異常値の最終確認をして、とどめを刺しているからね。ＧＲＣシステムさまさまだよ」

浅沼内部監査部長は胸をなでおろした。

プロジェクト前に発生した海外子会社の不祥事では、事象を内部通報で把握したため、打ち手を講じる前に非常に大変であったことと、内部統制上の不備を組織的に問われ大変な思いをして今回の仕組みを構築したので、リアルタイムで取引状況がＧＲＣシステムを通じて把握できることで買収企業の暴走を抑えサプライズのない決算ができることを心から喜んでいる。

＊＊＊

読者の一部は、こういったことは絵空事だと思っているかもしれないが、これらは現時点のデジタル技術でも十分に実現可能なものばかりである。すでに定型業務を中心としたオペレーションの大半はＡＩや自動化によって人手を介さずとも業務目的を達成できるのである。

一方で、経理財務部門の変革が叫ばれて久しいが、現場の実態はどうであろうか。

２０１５年にＫＰＭＧが実施した調査では、トップ企業[1]のＣＥＯのうち63％はＣＦＯの重要

（1）　過去3年間の公表ＥＢＩＴＤＡの連続伸び率が20％以上の企業。

性は今後3年間でさらに高まると答えている一方で、CEOの3人に1人は、CFOが目の前にある課題に十分に対応できていないことを懸念しているという調査結果が出ている。

このように、CFOは経営者から高い期待をかけられているにもかかわらず、低い信頼しか得られていないことは大きな課題である。これからの経理財務部門は、幅広い領域で真に経営に貢献できる役割を期待されている以上、その期待に応えるために昨今のデジタル技術を駆使して、この流れをポジティブに捉えていく必要があるのではないか。


この書は主にCFO・経理財務部門の方々向けになってはいるが、日常的に経理財務部門とのやり取りがある経営企画や情報システム部門の方々にもぜひ手に取っていただきたい。

激動かつ不確実性の高い時代において、デジタル技術を駆使して企業のバックオフィス業務はどう生まれ変わるか、経理財務部門は企業経営においてどのような価値を提供すべきなのか、その参考になれば望外の幸せである。

目次

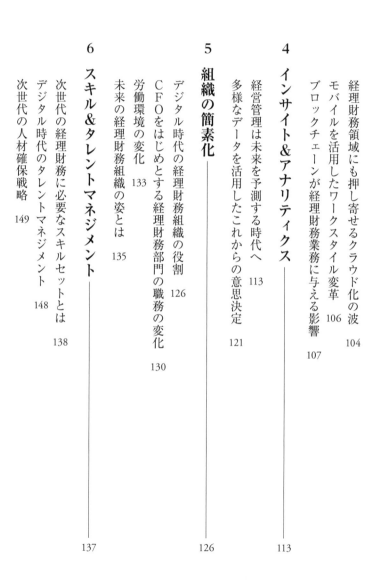

第4章　未来志向のCFO・経理財務部門を目指して　239

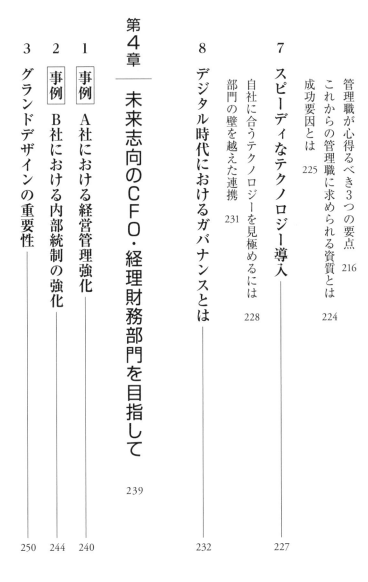

序　章

経理財務部門を取り巻く環境

1 「地政学の衝撃」「他人事ではないデジタル対応」——尽きない経営者の悩み

ＫＰＭＧでは、「ＫＰＭＧグローバルＣＥＯ調査」と題し、世界の大手企業の最高経営責任者（以下、ＣＥＯ）約１３００名の方々から最も重視している機会や、直面している最も困難な課題について意見をうかがう調査を毎年実施しており、それも２０１８年で4回目を迎えた。本調査はこれまでと同様、現在のＣＥＯから見て世界がどれほど急激に変化しているのか、それが事業運営や企業の成長のあり方にどのような意味をもつのかを浮き彫りにしている。本章では本調査結果をもとに、現在ＣＥＯが何を課題ととらえ、どのように対応することが必要と考えているのか見ていきたい。

成長の阻害要因

２０１７年版のＣＥＯ調査では、ＣＥＯは、テクノロジーが主導する変化を自社の事業を破壊し、再構築するチャンスととらえていたが、この傾向は２０１８年も変わらず、ＣＥＯは自

図表０－１　自社の成長に最も脅威をもたらすリスク（上位５位）

日本

1	保護主義への回帰	76%
2	サイバーセキュリティリスク	40%
3	環境／気候変動リスク	37%
4	最先端技術／破壊的テクノロジーのリスク	31%
5	レピュテーション／ブランドリスク	23%

全体

1	保護主義への回帰	55%
2	サイバーセキュリティリスク	35%
3	最先端技術／破壊的テクノロジーのリスク	35%
4	環境／気候変動リスク	33%
5	オペレーショナルリスク	33%

（出所）KPMGインターナショナル「2018 Global CEO Outlook」

国と世界の経済環境に大きな自信をもち、自社の事業は今後も成長すると見ている。

しかし、この楽観姿勢に影を落としているのが、会社の存続を左右する脅威への懸念の高まりである。今回の調査では、CEOは自社の成長に最も脅威をもたらすリスクとして「保護主義への回帰」「サイバーセキュリティリスク」「最先端技術／破壊的テクノロジーのリスク」を上位にあげており、これらへの対応が喫緊の課題との認識を示している（図表0―1）。

地政学の衝撃

国際社会は長く、足並みをそろえてグローバル化を推進してきた。これはグローバル化自体、時代の流れとして不可避であり、国も企業もこの潮流にうまく乗ることこそが自国または自社の利益最大化につながると信じており、ある種予定調和的に国際社会と歩調を合わせることが、最善の選択であるという考えの表れであったと思われる。しかし、いざグローバル化が進展したときに、その副作用が表面化したことにより、地域間、企業間の優劣が浮き彫りになった。これを受け、一部の先進国による貿易協定からの撤退、英国のＥＵ離脱問題、米国の自国第一主義表明など、ナショナリズムの動きが活発化している。ＣＥＯは、こうした自国優先の考え方が企業活動のさまざまな局面に影響を及ぼすことを懸念しており、「保護主義への回帰」を成長の最大の脅威にあげているのである。

たとえば、グローバル化の進展とともにグローバル企業は国際的分業の考え方に基づき、サプライチェーン体制を構築してきた。そこでは人的リソースの調達可能性やその価格、あるいは獲得利益に課される税率など、経済的合理性のみを念頭に利益最適化を実現するためのサプライチェーンのあり方を考えてさえいればよかった。

しかしながら、一部の地域において「保護主義への回帰」が進むことが前提となる場合、将来の起こり得る法規制の改正をも予測し、それが企業活動にどのような影響を及ぼすのかにまで配慮することが必要となる。

今回、保護主義への回帰がリスクのトップになったことを受け、ＫＰＭＧのクライアント・アンド・マーケットのグローバル責任者、ゲイリー・リーダーは、「経営陣は戦略的思考とリスク評価に地政学情報を織り込む必要がある」と警鐘を鳴らす。つまり、企業は世界的な政治の不確実性の高まりを、取締役会の考え方や意思決定に織り込む必要があり、地政学は今や他の戦略的課題と同様に最重要課題に位置づけられるということである。

サイバー攻撃の必然性

デジタルイノベーションは、従来はそれ単独でしか存在していなかった情報を、デジタルテクノロジーを活用することで有機的に接続することを可能にし、ビジネスモデルや顧客体験、業務全体で膨大な価値を生み出す可能性を秘めている。反面、情報への接続性が高まれば高まるほど、サイバー空間の危険性や脆弱性も増すこととなる。最近日本国内においても、企業へのサイバー攻撃による情報漏えい等の事案を読者が目にする機会も急激に増えたのではないだろうか。

さらに、企業のインフラ自体がサイバー攻撃の対象となった場合には、企業活動の継続が困難な状況に陥る可能性もある。つい先日もＱＲ決済サービスを提供する企業において不正利用が発生し、サービス自体が廃止に追いやられたことも記憶に新しい。このように、サイバー攻撃による影響は企業存続の根幹を揺るがすものともなりかねず、もはやＩＴ部門だけが考える問題ではなく、経営者自身が最優先で検討すべき課題となっているのである。さらに、調査結

図表0－2　サイバー攻撃に対する準備状況

サイバー攻撃に対する全体的な備えができていると回答した割合

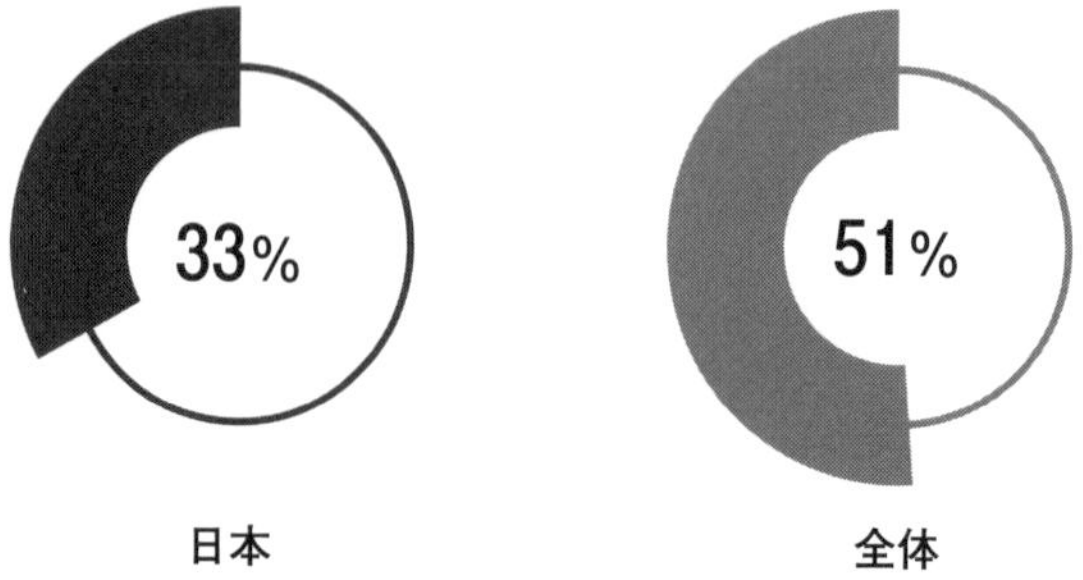

図表0－3　サイバー攻撃に対する全体的な備えができていると回答した割合（業種別）

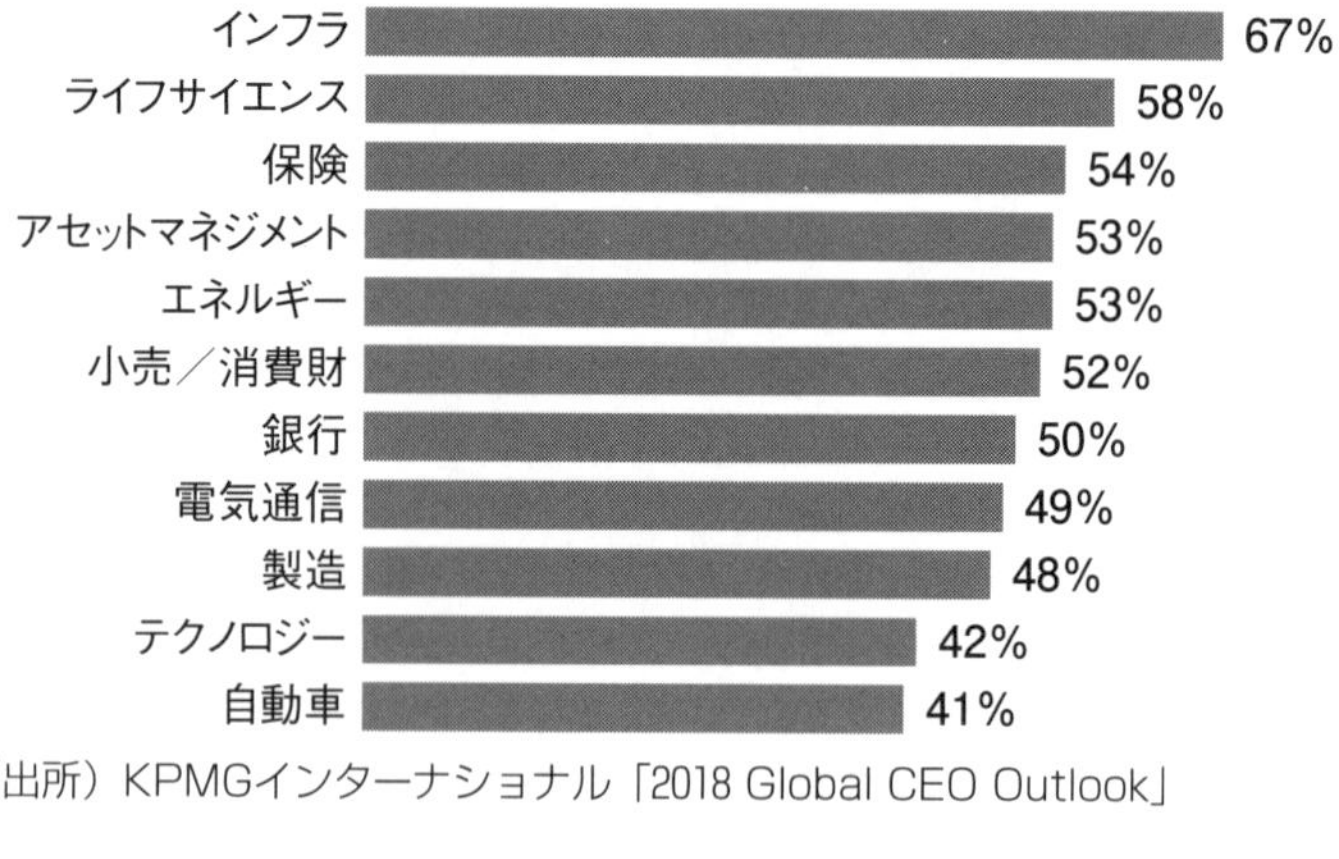

（出所）KPMGインターナショナル「2018 Global CEO Outlook」

果によると、CEOの半数（49％）が、サイバー攻撃は「もし受けたら」という仮定の問題ではなく、「いつ受けるか」の問題になっていると回答しているように、CEOにとってもその対策は待ったなしなのである。

一方で、多くのCEOは、自社のサイバー対策が万全かどうか懸念している。自社のサイバー攻撃への備えができていると回答した会社は、CEOの半数（51％）にとどまっており、日本においてはさらに低い数値（33％）となっている（図表0―2）。業種別では、サイバー攻撃への備えができているとの回答が最も多かったのがインフラ業界であるが、国の経済と社会におけるエネルギーの重要性や公共性を鑑みると当然の結果といえよう（図表0―3）。他方で、サイバー攻撃への備えができていると回答した企業が半数に満たない業界も多く、これらの業界では今後の課題事項とされている。

デジタルは他人事ではなくCEO自らの問題

CEOはデジタルがもたらす劇的な変化を楽観的にとらえている。95％という圧倒的多数が、技術的破壊を脅威というよりチャンスと見ており、CEOの半数以上（54％）は、自社の属するセクターがライバル企業によって破壊されるのを待つのではなく、自ら積極的に破壊しようと考えている。

また、デジタル競争を勝ち抜くため、デジタル変革の推進はＣＥＯ自らの責任と考えている。ＣＥＯは、顧客体験をパーソナライズ[1]するデータの威力を認識しているものの、現時点で顧客の期待を超えていると回答したのは、わずか23％であった。この数字の意味するところは、ＣＥＯは自らの責任として、ＡＩやＩｏＴなどを導入して、事業の再構築に取り組んでいるものの、テクノロジーを駆使したビジネスモデルの転換が期待通りに進んでいないということである。さらに、デジタル変革の推進とあわせて、顧客データには大きな責任がともなうことも認識している。これは調査対象会社の59％が、顧客データの保護はＣＥＯの最も重要な責務のひとつであると回答していることからも見て取れる。

一方で日本の状況を見てみると「自社の経営モデルの抜本的な変革を率いていく準備ができている」と回答した日本のＣＥＯは47％にとどまり、調査対象国の中で最も低い割合となっている。さらに、「顧客データの保護は、自らの重要な責任である」と考えている日本のＣＥＯの割合は42％で、全体の平均と比べると17ポイント低い結果となった。これは、背景として日本のＣＥＯがデジタル変革にかかる取り組みを経営問題としてとらえていない、あるいは、自社のデジタル変革が進んでいないため、顧客データの保護を意識する段階に至っていないことなどが推察される。

多様化するＣＥＯの課題、今必要となるＣＦＯの役割

このように、これまでＣＥＯ調査の一部を抜粋して紹介してきたが、これらの調査結果およびＣＥＯの見解を検証すると、あらためてＣＥＯが現在直面している課題がいかに困難か、そしてＣＥＯがこれらの課題を自分自身の課題として受け止め、真摯に向き合おうとしていることがわかる。

未来に向けて可能な限り成長を加速させるためには、ＣＥＯは未来の重要な消費者層であるミレニアル世代の価値観に的確に応える必要があり、デジタル革命をトリガーに顧客データを最大限活用した戦略を立案・実行する必要がある。他方で、こういった顧客データの保護を自身の責務ととらえ、サイバーセキュリティリスク、特に拡大するサプライヤーや提携企業とのエコシステムにおける脆弱性に対応するため、主導的な役割を担う必要がある。さらには、ＣＥＯは、自身は政治の担い手にはなり得ないものの、地政学を経営の検討課題に加え、現在の事業や財務、オペレーション、および今後の事業成長に与える地政学リスクの影響を理解しておかなければならない。

（1）　顧客全員に同じサービスやコンテンツを提供するのではなく、顧客1人ひとりの属性や興味・関心、行動に基づいて最適なサービスを提供する手法、仕組み。

こうした状況を受け、ＣＥＯのビジネスパートナーとしての存在であるＣＦＯが取り扱うべき課題も多岐にわたる。今後ますます膨大となる顧客データを、企業の収益拡大のための要素に有機的に結びつけて経営管理を行うとともに、増大するサイバーリスクに対しては、内部統制的観点から、ＩＴ部門と連携してセキュリティ面での整備・運用の十分性の評価を行う必要がある。また、地政学リスクに対して、ＣＦＯはＣＥＯの検討課題を実務レベルの課題に落とし込み、関税や法人税などが企業損益にどのような影響を及ぼし得るのか定量的にシミュレートすることで、財務面から意思決定サポートすることが必要になるであろう。

当然ながら、ＣＦＯを支える経理財務部門もそれらの課題の対応を組織のミッションとしてとらえ、ＣＦＯとともに解決していくことが、今後求められることとなるのである。

2 押し寄せるグローバルスタンダードの荒波——日本企業はどう対応する？

前節ではＣＥＯが対処しなければならない事項から導かれるＣＦＯの役割を述べた。この節では昨今の事業環境からＣＦＯおよび経理財務部門が制度として対応していかなければならないことを、歴史的な背景を踏まえて確認したい。

国際社会におけるＩＦＲＳの動向

資本市場の発展のための国際的に統一された会計基準の設定を目的として１９７０年代に誕生した国際会計基準（ＩＡＳ）は、その後２０００年代になると国際会計基準審議会（ＩＡＳＢ）の設立によって、一部、国際財務報告基準（ＩＦＲＳ）と名称を変えながら発展してきた。２００５年には欧州連合（ＥＵ）域内の上場会社は、ＩＦＲＳによる連結財務諸表の作成を義務づけられ、ＩＦＲＳはヨーロッパにおける会計のスタンダードとして浸透していった。また、ＥＵは域外上場企業に対しても、２００９年1月からＩＦＲＳまたは、これと同等の基準の適用を義務づけている。これにより、ＩＦＲＳは会計のスタンダードとして世界的に広まっていくこととなった。

米国においては、ＩＡＳＢと米国会計基準審議会（ＦＡＳＢ）が、２００２年にＩＦＲＳと米国会計基準の将来的な収斂（コンバージェンス）に向けた合意（ノーウォーク合意）を公表し、米国会計基準とＩＦＲＳのコンバージェンスが検討されることとなった。その後、２００7年にはＳＥＣに登録する外国企業にＩＦＲＳによる財務諸表の作成が容認されている。

ＩＦＲＳ財団の調査によると、現在では、世界１４０以上の法域で強制適用が求められ、また10以上の法域では任意適用が認められており、国際的な会計基準として国際社会に受け入れられていることがわかる。

日本における制度会計の変遷

ＩＦＲＳがグローバルスタンダードの高品質な会計基準として浸透していく中で、日本においても国際的な信頼性の確保、またそれによる経済活力の維持・向上をはかっていく観点から、日本の会計基準とＩＦＲＳとのコンバージェンスの動きが加速することとなった。

２００7年8月に日本の会計基準とＩＦＲＳのコンバージェンスをはかることが国際会計基準審議会（ＩＡＳＢ）と企業会計基準委員会（ＡＳＢＪ）の間で合意され（東京合意）、その後、財務諸表の国際的な比較可能性を向上し、日本企業の国際競争力を強化すること等を目的として、２０１0年より上場企業の連結財務諸表に対してＩＦＲＳによる開示が認められることとなった。２０１１年の東日本大震災等の影響もあって、当初予定されていたＩＦＲＳの強制適用は延期されたが、ＩＦＲＳの任意適用拡大を目指すという基本路線は変わっておらず、その後も上場企業によるＩＦＲＳ任意適用要件の緩和や政府によるＩＦＲＳ任意適用企業の拡大促進の提言等、ＩＦＲＳ適用企業の拡大への動きは継続している。

この流れを受け、２０１２年3月時点で5社であったＩＦＲＳ任意適用上場会社は、２０１

図表０－４　IFRS任意適用上場会社数

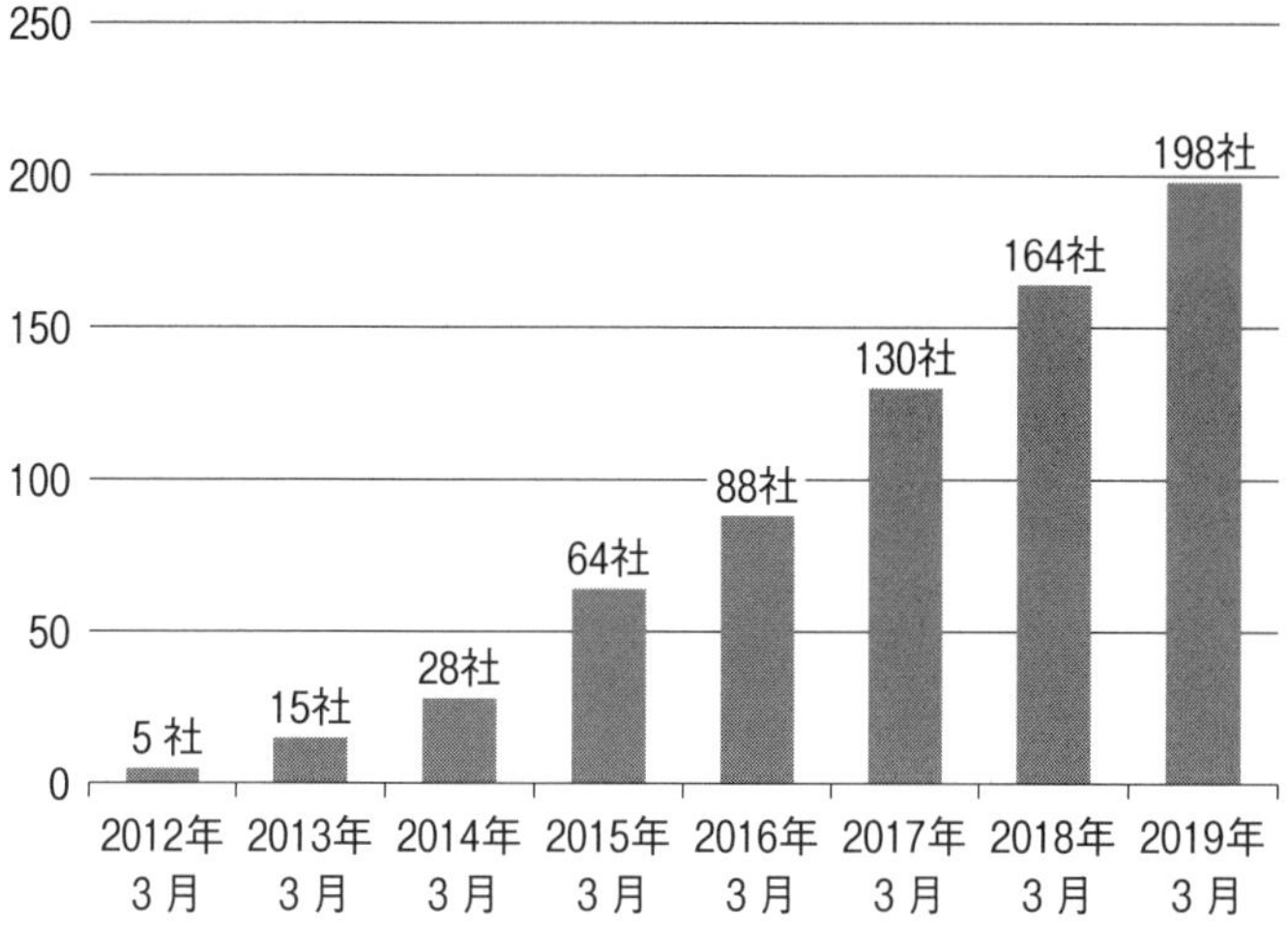

（出所）KPMG作成

９年３月時点では１９８社にまで増加している（図表０―４）。前述の通り、ＩＦＲＳは今や多くの法域で適用され、国際的に共通する会計基準として広く浸透してきており、日本企業が国際的な資本市場で競争力を維持するためには、ＩＦＲＳの導入は避けては通れず、ＩＦＲＳ適用企業は今後も増加することが想定される。ＩＦＲＳ未導入企業にとっては、ＩＦＲＳの導入は今後の重要な経営判断のひとつであろう。

ＩＦＲＳ導入による課題

　ＩＦＲＳ導入によって、経理財務部門はさまざまな課題を解決しなければならない。具体的には、複数基準への対応や人材の育成・確保、それにともなう業務負担・コストの増加といった課題が生じる。

日本の会計基準についてもＩＦＲＳとのコンバージェンスが進んできており、従来に比べてＩＦＲＳとの差異はかなり解消されてきたものの、たとえば有形固定資産の減価償却方法や耐用年数等、日本の会計基準との差異は依然、存在している。そのため、ＩＦＲＳを導入するにあたっては、ＩＦＲＳ、日本の会計基準との関連を考慮し、複数の会計基準に対応する必要がある。また、ＩＦＲＳ導入による業務の増加に対応するために、必要な人材を確保することや、ＩＦＲＳに精通した人材を確保することも必要となる。その結果、財務経理部門の業務負荷の増加や人員増にともなうコストの増加、外部アドバイザリーの利用等のコストの増加が生じる可能性がある。

今後ＩＦＲＳを適用する企業にとっては、このような専門性をもった人材の確保と、増大した業務量に対応するための効率化や自動化といった対応を検討しておかなければならない。

グローバルおよび日本におけるコーポレートガバナンス

ＩＦＲＳは制度変革として大きなインパクトをもつが、同様に大きなインパクトを及ぼしているものにコーポレートガバナンスがある。

このコーポレートガバナンスは企業統治にかかわる「守り」の面と、収益性拡大という「攻め」の2つの面が含まれている。

不正を防止する「守り」の面では大手製造業の不祥事が相次ぐ中で注目が高まってきた。他方、収益性向上の「攻め」の面では、バブル経済の崩壊から続く日本経済の長期的な低迷、いわゆる「失われた20年」の間に、日本企業は長く収益力が低迷する状況が続いたことから注目されるようになっている。この間、日本企業の収益性・生産性は欧米諸国に比べ低水準となっており、日本企業の国際競争力の回復に向けた収益性・生産性の改善が重要な課題として認識されることとなる。

このような課題を受け、2013年には「日本再興戦略」が策定され、日本企業の持続的な成長を促すためにコーポレートガバナンスを強化する必要性が言及された。また、翌年の「日本再興戦略　改訂2014」では、コーポレートガバナンスに関する基本的な考え方を諸原則の形で取りまとめるものとして「コーポレートガバナンス・コード」を策定することが提言された。

ここで世界に目を向けると、資本市場のグローバル展開が進展する過程で、コーポレートガバナンスが注目されている。国際社会においてはこの重要性は従来から議論されてきたが、1999年には、国際的なベンチマークとして「OECDコーポレートガバナンス原則」が経済協力開発機構（OECD）により公表された。当該原則は、日本のコーポレートガバナンス・

コードの策定においても大きな影響を与えている。

その後、2000年代に入り、米国ではエンロンやワールドコムによる会計不祥事等が発生すると、これに対応するためSOX法が制定され、企業の内部統制が強化された。また、「OECDコーポレートガバナンス原則」についても、見直しがはかられ、2004年には改訂版が公表されている。

さらには、リーマン・ショックに端を発する世界的な金融危機やその後の環境変化に対応する形で、2015年に約10年ぶりに改訂された。

このようにグローバルにおけるコーポレートガバナンスは、経済状況や環境の変化に応じて日々進化する中で、ますます注目を浴びるようになっている。

日本においては「日本再興戦略」を受け、コーポレートガバナンス強化の具体的な施策として2014年に「日本版スチュワード・シップコード」の公表、2015年に会社法の改正および「コーポレートガバナンス・コード」が公表された。その後、2018年に、改革をより実質的なものへと深化させていくための改訂が行われている。このように、日本においてもコーポレートガバナンスの強化は加速している。

コーポレートガバナンス・コードによる影響

「コーポレートガバナンス・コード」は、会社の「稼ぐ力」、すなわち、中長期的な収益性・生産性を高めることを目的のひとつとしており、その達成のために、株主の権利・平等性の確保、株主以外のステークホルダーとの適切な協働、適切な情報開示と透明性の確保、取締役会等の責務および株主との会話の5つの基本原則を定義しており、それぞれの基本原則について、原則と補充原則が定義されている。「コーポレートガバナンス・コード」は、各原則について「コンプライ・オア・エクスプレイン」の考え方に基づいている。すなわち、原則通りに実施することが適切でない場合はその理由を説明し、そうでない場合は各原則を遵守することが求められるため、上場会社は経営管理のあり方を見直す必要がある。

また、「コーポレートガバナンス・コード」においては、株主との対話に関して、自社の資本コストを的確に把握した上で、収益力・資本効率等に関する目標を提示することが求められている。すなわち、企業は投資家の期待である株主資本コストを意識し、これを上回る収益を獲得できるような経営を目指すことが必要になる。そのためには収益性の高い事業に経営資源を優先的に配分していかなければならない。上場企業であっても一部の会社ではいまだに損益計算書を重視した経営を行っているが、コーポレートガバナンス・コードが公表された状況下では、貸借対照表の観点も含めたＲＯＥやＲＯＩＣ等の収益力・資本効率を重視した経営を意識しなければならない。

さらにコーポレートガバナンス・コードは必要に応じて事業ポートフォリオを組み替えることも求めている。事業ポートフォリオの組み替えについては、長期的な視点で検討しなければならず、地域別・事業別・製品別等で現状把握を適切に行わなければならない。そのためには企業が保有する膨大で多様なデータを統合、多角的に分析し、適切に対策を講じるためのプラットフォームを構築しなければならない。

コーポレートガバナンス・コードにおけるもうひとつの重要な原則として、取締役会による実効性の高い監督機能の発揮があげられる。収益性・資本効率を意識しつつ、企業を安定的に成長させるためには、企業の「守り」の側面として、コンプライアンスや財務報告にかかる内部統制、先を見越したリスク管理体制の整備が必要不可欠である。先に述べた会計不正や大手製造業による製品データ改ざん等の企業不祥事が相次いで発覚しているが、このような不祥事が生じると、企業に対する信頼は失墜し、場合によっては企業の存続自体が危うくなる。

企業にとってコンプライアンスやそれを支える内部統制、リスク管理体制の整備は非常に重要な経営課題といえる。現在のビジネスは複雑化し、取り扱うデータも膨大となっており、網羅的にリスクを担保したり、リスク影響を予測したりすることが難しい。その中で、リスクを早期に発見、対応できる仕組みを構築することは企業が存続するためには不可欠といえよう。

また、現代においてはサイバーリスクも重要な課題のひとつである。ＩｏＴの拡大により、さまざまなモノがインターネットに接続されるようになる中で、大規模なサイバー攻撃も数多く報告されている。ＫＰＭＧの調査によると約３割の企業が過去１年間で不正な侵入を受けたと回答している。[2] サイバー攻撃を受けると自社の業務やシステムが遅延・中断したり、経済的損失を受けたりするなど、企業に重大な影響が生じる。ＩＴがビジネスの基盤となっている現代においては、サイバーセキュリティは企業の持続的な成長の基礎となるものであるといえる。ここでコーポレートガバナンス・コードでは、取締役会はその役割・責務を果たすための知識・経験・能力を全体としてバランスよく備えるべきであるとされている。取締役会の整備にあたってはジェンダーや国際性の面を含む多様性を考慮すべきとされているが、企業の持続的な成長のためには、サイバーセキュリティを含むデジタル化に対応できる人材の確保・配置も必要である。デジタル化が進展していく中で、このようなサイバー攻撃の脅威は今後も拡大していくことが予想される。その脅威に対応する人材を確保し、適切なサイバーセキュリティ対策を講じることが、企業にとっても最も重要な取り組み課題のひとつであるといえる。

（２）　ＫＰＭＧコンサルティング「サイバーセキュリティサーベイ２０１８」による。

3 財務・非財務情報の統合は道半ば

統合報告という新たなチャレンジ

近年、企業と投資家との建設的な対話の必要性の理解が一層深まってきており、前述のコーポレートガバナンス・コードの策定をはじめ、制度としても整備が進められている。一方で、企業による投資家との自発的な対話の取り組みのひとつとして、統合報告書を発行する企業も年々増加傾向にあり、2010年にはわずか24社であった発行企業数が、2018年には414社まで増加している。

背景として、投資家による企業の評価指標については、近年ESGが重視されてきていることがある。ESGとは環境（Environment）、社会（Social）、ガバナンス（Governance）の頭文字をとったものであるが、現在では中長期的に企業が持続的に成長することを実現するためには、ESGの要素への配慮が欠かせないということが、一般的になりつつある。

２０１７年には世界最大の機関投資家でもあるＧＰＩＦ（年金積立金管理運用独立行政法人）が、ＥＳＧ投資を本格的に開始すると発表したことからも、投資家のＥＳＧ重視の傾向がうかがえる。

そのような状況の中、統合報告書は「企業がどのようにして、この先長期にわたり価値創造を継続するのか」という価値創造ストーリーを伝える媒体として作成が始まったものである。統合報告書以前にも、金融商品取引法等のさまざまなルール、規制に基づき有価証券報告書をはじめとする財務報告が開示されてきた。しかしながら、これらの財務報告は過去の実績に関する財務情報が中心であった。そのため、投資家等のステークホルダーが真に知りたい、「この先企業がどのようにその価値向上を実現していくのか」について読み解くには、それだけでは不十分であった。すなわち、投資家は意思決定を行う際に、非財務情報を含む種々の情報を他の媒体から収集する必要があったのである。そのような背景からも、統合報告書は、経営者が自らの責任において、「企業の持続性をどのように担保し、価値向上を実現するのか」について深く考え抜き、価値創造ストーリーとしてステークホルダーに伝えるものでなければならないのである。

ＫＰＭＧは、この対話ツールとしての統合報告書の開示動向を、２０１４年から5年間にわたり継続して調査してきた。本調査結果からは、企業が価値創造ストーリーとして何をどのように開示すべきか、現在も試行錯誤している様子がうかがえる。そこで、本節においては、経営者が統合報告書の開示、ひいては意思決定情報の取り扱いにおいて、どのようなことに苦慮しているのか、調査結果を交えながら考察したい。

まず、図表0—5の通り、ＫＰＭＧが考える統合思考の7つの要素が統合報告書で言及されているかを調査した。その結果、社会・環境に対するアウトカム（成果）など5つについては、半数以上の報告書で言及されていた。そのため、ＩＩＲＣ（国際統合報告評議会）フレームワークが提唱する「ビジネスモデル」の要素である、事業活動のインプット（投入）、アウトプット（結果）、アウトカム（成果）への考慮については、ある程度進んでいると考えられる。しかし、社会・環境に対するアウトカムが経済的価値に及ぼす影響について説明している報告書は半数にとどまり、さらには社会・環境に対するアウトカムに関する具体的な戦略目標を含めている報告書は30％と非常に少ない結果となった。つまり、この結果から読み解けるのは「社会的価値が経済的価値にどのように結びつくのか」「経済的価値との関連性を踏まえ、社会と環境の戦略目標をどうおくべきか」に関する説明、すなわち事業戦略とサステナビリティ戦略の統合はまだ進展の初期段階にあると推察される。

次に統合報告書における財務戦略の記載について見てみよう。財務戦略を記載する意義は、中長期的な価値創造のストーリーの実現可能性を財務資本の側面から裏づけることにある。事

図表０－５　統合思考の実践で考慮される説明要素

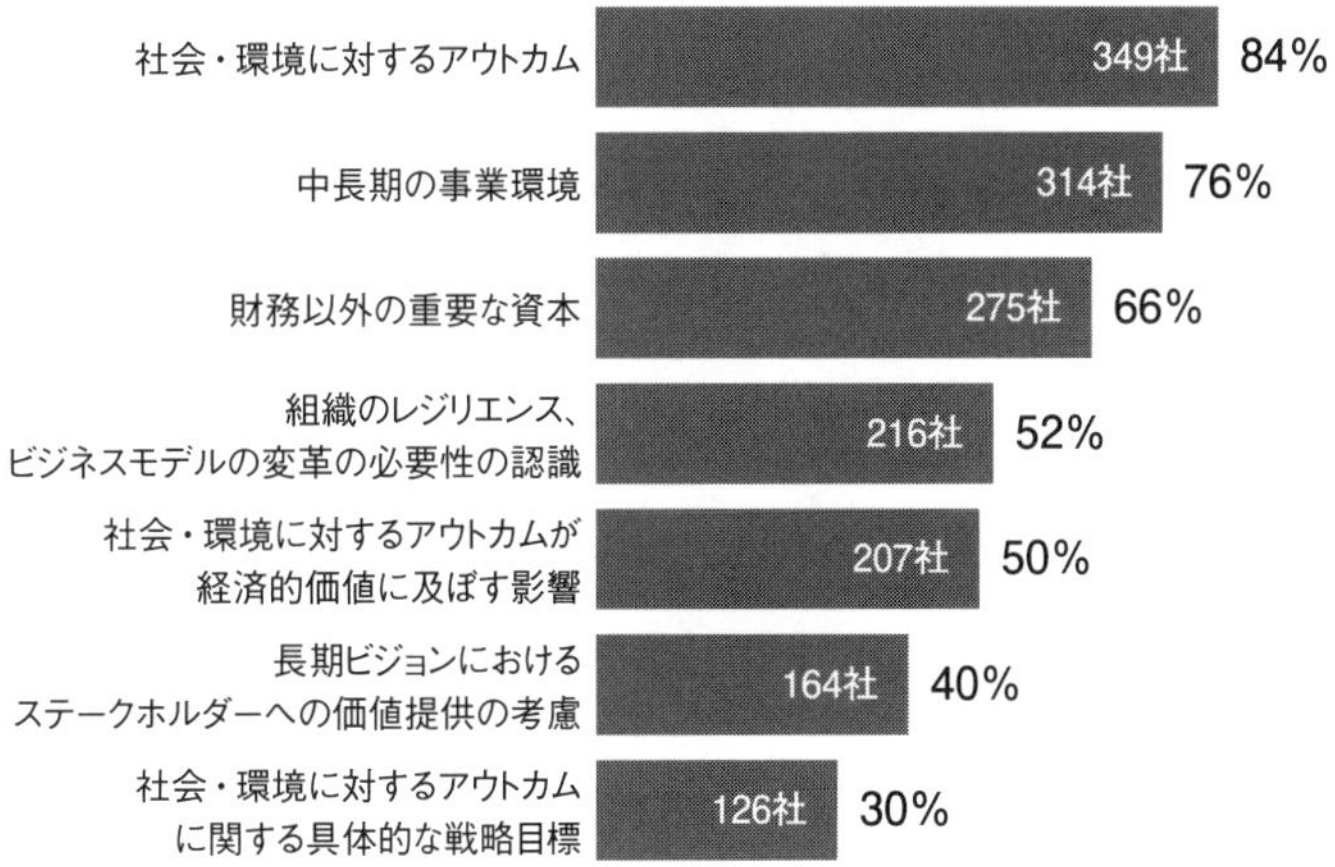

n＝414社

（出所）KPMGジャパン「日本企業の統合報告書に関する調査2018年」

業戦略の遂行には、変化する事業環境を踏まえた財務資本の配分が不可欠である。つまり、統合報告書では資金調達、利益の獲得、キャッシュ・アロケーション、成長投資、株主還元等の財務資本の循環を最適なバランスで行うことにより、キャッシュフロー獲得能力の向上へとつながるさまを、その根拠とともに示すことが求められている。ここで財務資本の循環を示す要素を、原資（Ｄ／Ｅレシオ・負債・ＦＣＦなど）、投資（成長投資・設備投資など）、効率性（ＲＯＥなどの資本生産性など）、配当の４つと定義したとする。この場合、財務戦略を記載する企業１８１社について、財務資本の循環を示す要素を具体的数値で網羅的に記載している企業は23％（42社）にとどまった（図表０―６）。

また、資本効率性のモニタリング指標の代表的なものとして、ＲＯＥがあるが、財務戦略の中でＲＯＥに言及している企業は１２４社であった（図表０―７）。なお、そのうち、ＲＯＥの構成要素を分解した上で、各要素の改善に向けた方針や取り組みを説明している企業は11％にとどまっている。

当然ながら、一時的な利益増加や資本減少にともなう特定のＲＯＥの構成要素が増減したところで、長期的な企業価値向上につながるものではない。したがって、キャッシュフローの創出能力をどのようにして中長期的に維持・向上し続けるのか、それこそが、投資家が真に知りたい情報と推察されるが、今回の調査結果では、そのような取り組みや方針の説明が十分になされているとはいえないものとなった。

さらにいうと、前述した通り、中長期的な価値は単に過去から現在の活動の成果である財務的価値の累積というよりも、企業活動の成果として社会に及ぼすインパクト、企業としての持続可能性を維持するための戦略遂行力とそれを実現する人的資本など、さまざまな要素を結合することで創造されるものである。そのため、それらをいかに有機的に結合させて経営のかじ取りを行い、持続的価値向上につなげるのか、その価値創造ストーリーを示すことは、経営者にとっても一筋縄ではいかない課題となっていると思われる。

図表０－６　財務資本の循環を示す全要素への言及

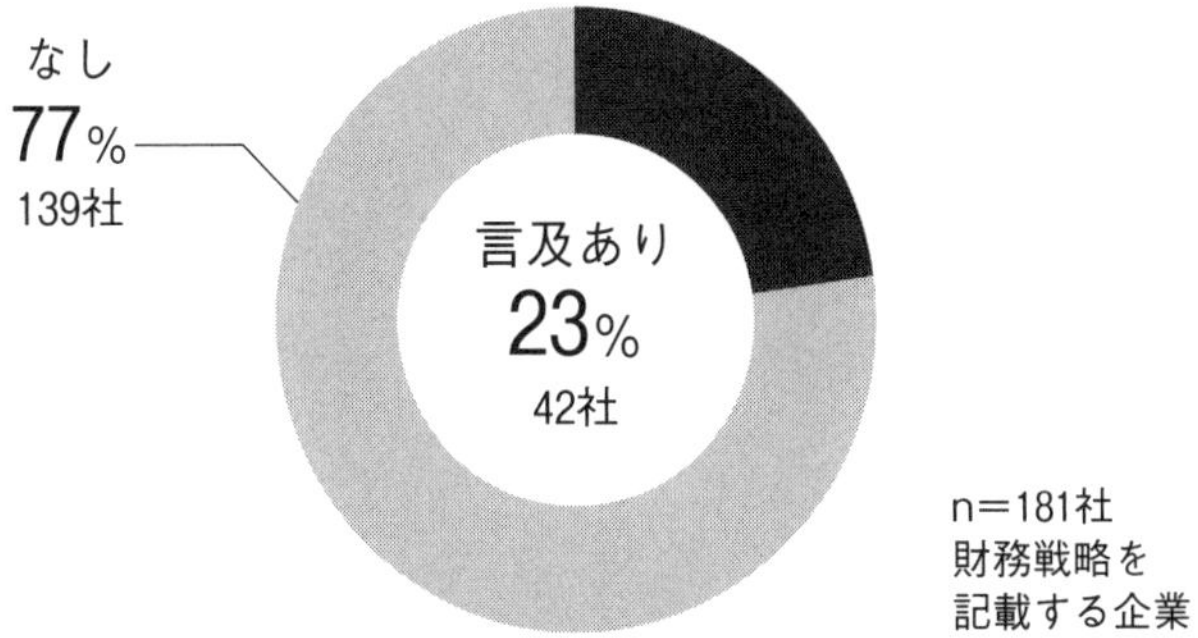

（出所）KPMGジャパン「日本企業の統合報告書に関する調査2018」

図表０－７　ROEの記載の状況

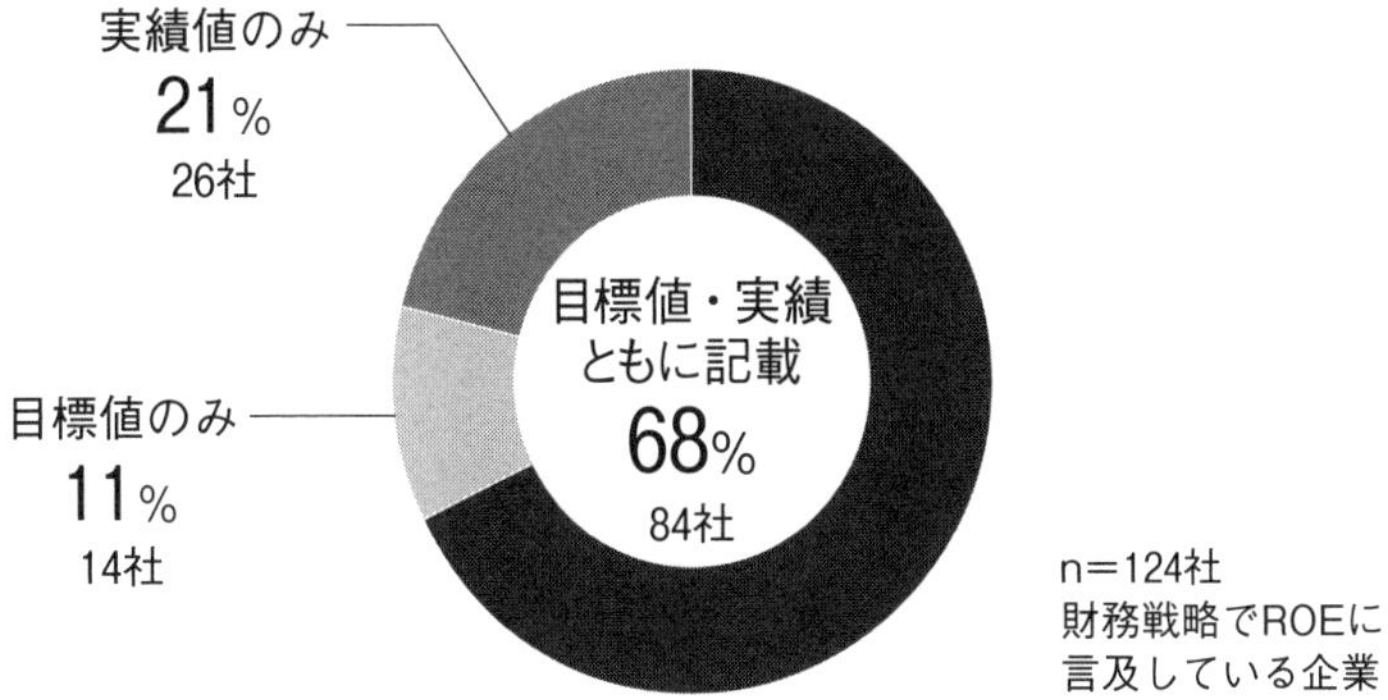

（出所）KPMGジャパン「日本企業の統合報告書に関する調査2018」

経営者は価値創造ストーリーとKPIの融合を試行錯誤

そのような傾向は、統合報告書のハイライトセクションに掲載されている価値創造ストーリーやその実現に向けた戦略に関連するKPIの調査結果からもうかがえる。資本別KPIの動向（図表0―8）が示すように、非財務KPIの割合は増加傾向にあるが、各KPIの実績に加え、今後の見通しや目標値を併記する企業は6％（26社）にとどまっているのである（図表0―9）。これは、企業が生み出す価値において、人的資本や知的資本などの見えざる資本による影響を重要視する企業が増加し、非財務KPIが拡充される傾向にある反面、将来の価値創造ストーリーとの整合を図った見通し・目標設定に苦慮していることの表れと推測される。

これまで説明してきた通り、統合報告書は企業の中長期の価値創造能力に影響を与え得る非財務情報（人的資本や社会的資本、社会的なインパクトなど）を重要視するとともに、それらをロジカルに財務情報に結びつけて経営意思決定に活かし、投資家にもわかりやすく説明することを求めている。一方で、これまで実施してきた財務情報を取り扱うのとは異なり、非財務情報を取り扱うようになると、企業が収集・蓄積すべき情報も一気に膨大かつ多岐にわたることとなる。経営者はこのうち、経営に真に有効な情報を取捨選択するとともに、それらを経営意思決定サイクルに取り入れるなど、これまでとは全く異なった経営管理業務を行う必要があ

図表０－８　KPIの資本別比率

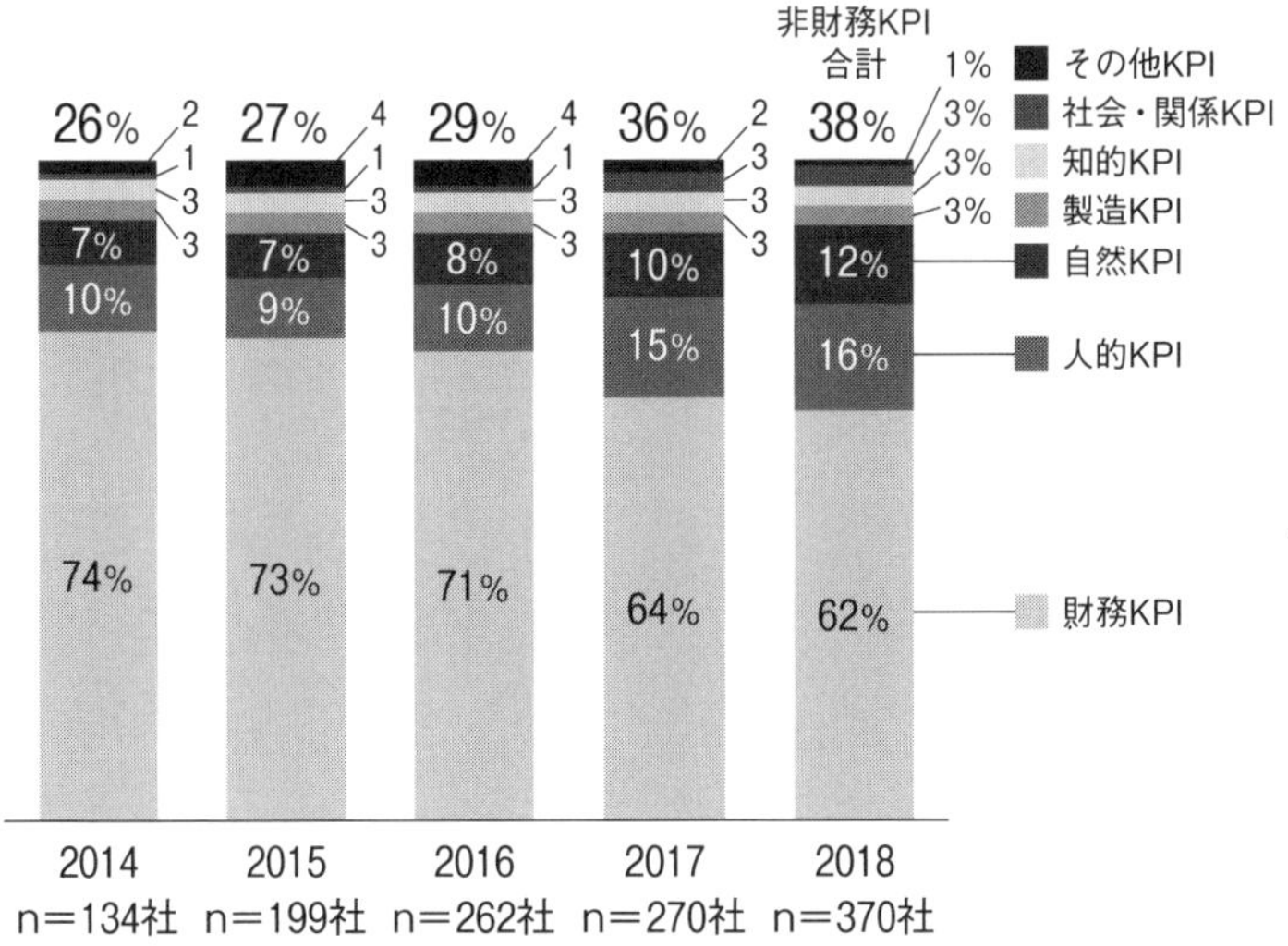

（出所）KPMGジャパン「日本企業の統合報告書に関する調査2018」

図表０－９　KPIをまとめたハイライトセクションの有無

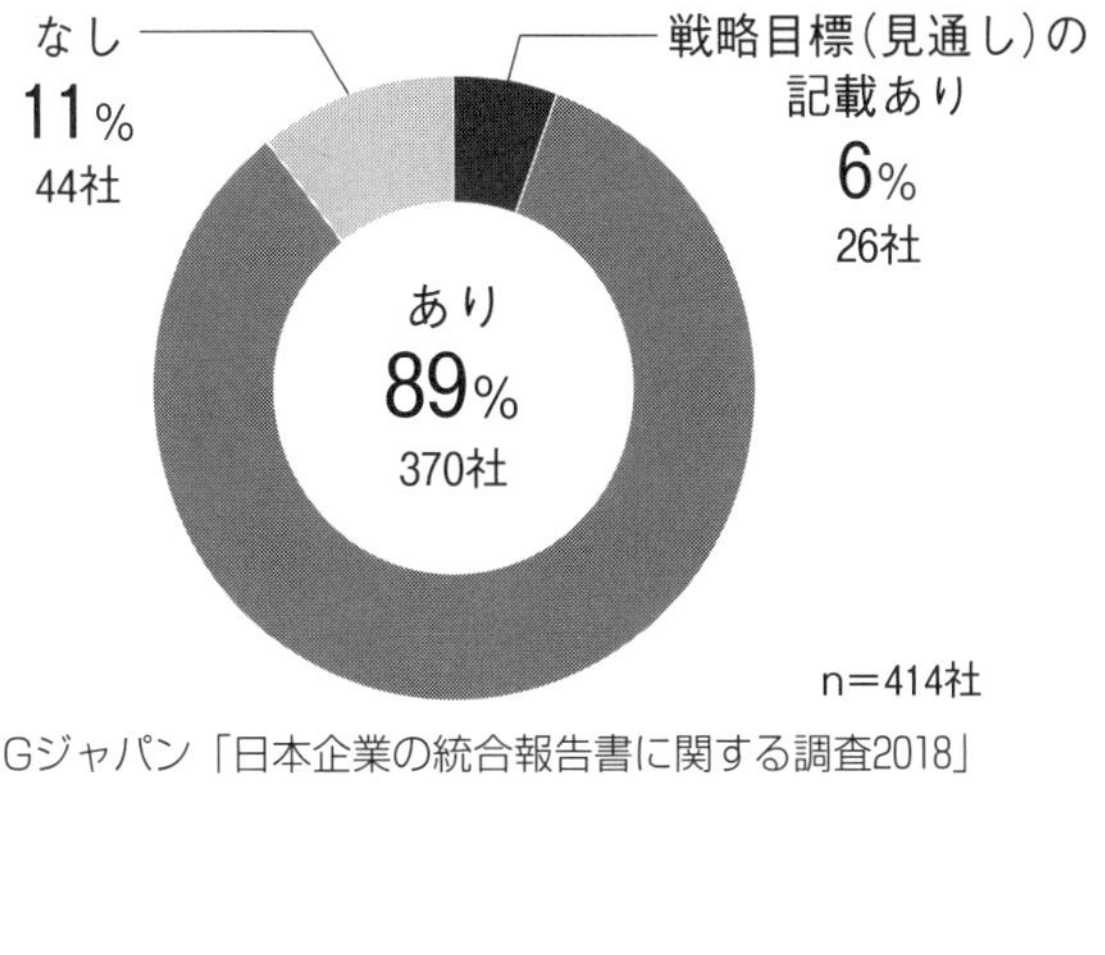

（出所）KPMGジャパン「日本企業の統合報告書に関する調査2018」

る。

今回ＫＰＭＧが実施した統合報告書に関する各種調査結果からもわかる通り、経営者は財務情報と非財務情報の融合をまだまだ試行錯誤している段階であり、有効活用できる環境を整備することは今後の課題といえよう。

広がるＣＦＯの役割

これまでもＣＦＯはＣＥＯのビジネスパートナーとして、時にはＣＥＯの経営意思決定を経営参謀の視点でサポートしてきた。その中では、当然財務情報のみならず、たとえば売上目標達成に向けては、業界別シェア、チャネル別販売数量など、非財務情報も管理し、経営意思決定に活用・提言を行ってきたものと思われる。しかしながら、これらはすべて、ある意味本業のバリューチェーンに関する情報であり、過去の経験に基づき業務を取り廻すことが可能であった。

一方で、これまで述べた統合思考に基づく考えでは、たとえばコスト観点では利益最大化と一見相反する環境問題への配慮をどの程度行って、製品開発を進めるべきか、あるいは、将来にわたる事業のサステナビリティ確保のために、どのようなケイパビリティをもつ人的資本をどの程度確保すべきかなど、これまでには十分配慮していなかった非財務情報と財務情報を結合させた意思決定情報の管理を迫られている。つまり財務情報に結びつく非財務情報の関連性を分析し、理解し、経営管理に役立てていくことが求められるのである。これらは一朝一夕にできるものではないが、ＣＦＯにとって優先的に対応すべき課題のひとつといえよう。

4

抱えきれない経営者の悩み
——今ＣＦＯに求められていること

ここまで第1節でグローバルＣＥＯ調査から導き出されたＣＦＯに期待される役割、第2節でグローバルの波を受けて国内でも対応が必要となっている会計基準や規制を、第3節ではステークホルダーとの円滑なコミュニケーションに必要となる統合報告の重要性を述べてきた。ここであらためてＣＦＯや経理財務部門に期待されている役割を整理する。

第1節ではＣＦＯに期待される役割として、次のことを述べた。顧客データを、企業の収益拡大のための要素に有機的に結びつけて経営管理を行うとともに、サイバーリスクに対しては、内部統制的観点から、セキュリティ面での整備・運用の十分性の評価を行う必要がある。また、地政学リスクに対しては、ＣＥＯの検討課題を実務レベルの課題に落とし込み、影響を定量的にシミュレーションを行うことで、財務面から意思決定をサポートすることが必要になる。CFOはビジネスパートナーとして、CEOの課題を財務と統制面でサポートすることが期待されている。

第2節においてはIFRSあるいはその影響を受けた日本基準にしたがって決算を行う場合、従来と比較して格段に増えた処理量や開示情報について、専門性をもった人材を確保し、自動化など最大限の効率化を実施することが求められることを述べた。

また、コーポレートガバナンスという観点からは収益力最大化のために、膨大で多様なデータを統合、多角的に分析し、適切に対策を講じるためのプラットフォームを構築しなければならないことも言及している。さらに内部統制で中心的な役割を担う経理財務部門は、デジタル化に対応する過程においても、サイバーセキュリティ機能を強化しておくことが求められている。

第3節における統合報告書においては、ステークホルダーに企業の成長とESGの観点から説明責任を果たすため、財務情報に結びつく非財務情報の関連性を分析し、理解し、経営管理に役立てていくことが求められることを述べた。

ではこのような役割を求められるCFOや経理財務部門はどのようにすべきであろうか？

これまで求められていた経理財務部門の役割とは大きく異なることとなるため、現状をどのように変えていけば対応できるようになるのか検討が必要である。そのためにも今一度、現状の経理財務部門で一般的に見られる状況を、従来の視点であるプロセス、システム、組織、人員の面から確認しておきたい。

経理財務部門のプロセスとシステムの現状

まず経理で行われている一般的な業務プロセスを見てみると、いまだに多くの会社で紙を使い、1つの業務に1人〜2人がエクセルを駆使しながら処理していることが多い。また、業務自体も属人化しており、前任者からの引継ぎも十分に行われていないため、そもそも何のために当該作業を行っているかわからないことが多い。このため、従前までは必要であったが、現在もはや使われることがなくなった数値や資料が作成されていることもある。われわれが業務効率化や早期化のプロジェクトで経理財務プロセスを調査すると、必ずこのような「何の用途にも使用されていない資料や数値」が作成されているケースをよく見かける。

一方で情報システムについては、標準テンプレートから大幅にカスタマイズが施された基幹業務システムを使用しており、バージョンアップもままならず古いシステムを使い続けていることが多い。さらにデジタルテクノロジーが発達した現代でも、いまだにホストを使用している会社さえある。他国では見られない日本独特のこのようなシステムの使い方は、日本の会社の次のような独自の文化があるからであろう。

これは業務の実施現場の担当者が、常に改善を意識して、自身の業務にあたっており、こだわりをもって作業をしていることが第一にあげられる。製造の現場におけるこのような考え方は、我が国の製造業の強みにもなっているが、間接業務においてはむしろ属人化による弊害のほうが大きくなることが多い。

また、我が国における顧客最上位の考え方もシステムや業務を複雑にしている要因といえよう。顧客に迷惑がかかることを嫌うがゆえに、顧客ごとのニーズに対応した請求書の発行や請求を行ってはいないだろうか。

他にもさまざまな要因はあるが、主にこのような理由により莫大なコストをかけ、自社用にカスタマイズをしたシステムができ上がってしまう。カスタマイズをしているということは、バージョンアップの対応を困難にしているということであり、その結果、新しい業務への適応が難しくなってしまっている。それでも対応しなければならないときはシステムの外で、手作業にて処理されることもある。この場合は無論、業務の運用費も高額となってしまっている。

このように経理財務部門では旧態依然とした業務とシステムで運用していることが多いが、この実施主体である経理財務部門の組織についてはどうであろうか。

経理財務部門の組織の現状

われわれがコンサルティングサービスで顧客に経理財務組織について議論するときに必ず聞かれることが、「当社の経理財務部門の人員は会社規模に照らして適切なのか？」ということである。経理財務部門の人員数は売上高が1000億円を超えると一般的には売上に応じて増える傾向にある。(3)

もちろん業種業態、営業経理を含めるかなどの要因で変わる傾向はあるが、売上高という業務規模とある程度の相関はあるようだ。

ただ、やはりこのような質問を受けるということはどの会社も人員の過剰感をもっているのではないだろうか。

1990年代後半から2000年代前半にかけて、多くの日本企業でシェアードサービスセンター（SSC）を構築することがあった。これは間接部門の人員およびコスト削減の一環として、欧米の会社におけるコスト削減の成功例を見て、国内で取り入れられたものである。しかし、構築されたシェアードサービスセンターを見ると、単純に各所の経理プロセスを1カ所

（3）　経理部門体制に関する調査結果　KPMG2013年

に集約しただけであることが多く、決して人員削減やコスト削減には結びついていないことが多い。本来は、一旦シェアードサービスセンターに経理プロセスを集約させ、その後に標準化と効率化を行うことで工数やコストを下げることを目指していたはずである。ところが実際は、集約化はしてみたものの、標準化や効率化がなされないままということが多い。

一方、グループ全体の経理部門の組織体制を見ると、日本国内については子会社がどのようなことをやっているのかを掌握し、統制がとれていることが多い。ところが国外のグループ会社については、必要な情報が十分に取得できないというケースが見受けられる。具体的にどのような体制でどのように財務情報をつくり上げており、人手が足りているのか余っているのかもわからないということもある。

これを解決するために経理財務部門の管理職を日本から派遣するが、その場合でも現場との意思疎通がうまくできず、結局は表面的なことしかわからないということが多い。言葉の壁という面もあるが、グループ全体のガバナンスを利かすという面において課題がある会社が多いのではないか。

このように経理財務部門の組織面の現状を見たが、組織を構成する人員についての特徴も確認しておきたい。

経理財務部門の人員の現状

伝統的に経理の人員は伝票のチェックや入金の消込、請求書の送付などの基本的な作業を経て、最終的に決算を取りまとめ、税務申告や監査人の対応などができるようになることを目指していた。したがって求められるスキルも簿記を中心としたいわゆる経理プロセスを理解することが最重要項目として考えられている。

もちろん、もう一歩進んで自社の事業特性を踏まえた分析をした上で、経営陣や事業部長に対して経理の数値感覚を踏まえたアドバイスをすることも要求される。しかしこれらは基本的にすでに発生した実績に対する分析が中心であり、それを踏まえた今後の対策までできる人員はごくわずかであろう。

いずれにせよ多くの場合、経理財務部門の人員は伝統的な経理プロセスをひと通りこなすことができ、財務結果を分析できれば十分に会社や株主の期待に応えることができたのである。

ここまで現状の典型的な経理財務部門について、プロセス、システム、組織体制、人員の観点から振り返ってみたが、この状態の延長線上で前述の経理財務部門に要請されることに対応できるであろうか。

もちろんすでに遂行できる体制を敷いている会社もあるとは思うが、大部分の会社ではこのままでは期待に応えることは難しいのではないかと思われる。

ではどのようにすれば制度の要請に的確に対応し、CEO、さらには株主の期待に応えることができるのであろうか。この点を簡潔に説明したい。

求められる経理財務部門の将来像

まず、経理プロセスについて、制度として対応しなければならない規制や会計ルールはしっかりと遵守し、社内の統制は経理財務部門が主体となって対応していくことが必要であることはたしかであろう。問題はこれに人手を介して実施していくのではなく、可能な部分は徹底的に自動化をしておくことが必要である。従来、人でなければできないと思われる判断を含む業務も、現在はAI技術を用いてかなりの部分で自動化が可能となっている。具体的なAI技術の活用については第1章および第2章で詳述する。

また、自動化に関わり、「簿記・会計・監査の事務員」の将来について、衝撃的な予測がされている点についても第2章で述べる。

システムについては環境変化が激しい中で、対応が必要となる新しい業務が増えてくるが、変化に対して柔軟に対応できる仕組みが必要となる。従来のような数年かけて自社に合うようなカスタマイズをしたシステムでは到底、変化に対応はできない。この点、クラウド型のシステムではバージョンアップで適時に環境変化や規制変更に対応しており、ユーザー側で個別に対応することは不要である。そのためにも自社独自のプロセスはできるかぎり捨て去り、システムに合わせることが望ましい。クラウドシステムには他にもセキュリティ面の優位性や、働き方改革にも結びつく特徴などさまざまなメリットがある。クラウドに移行するには諸々の問題があると感じる読者も多いと思うが、クラウドのメリットや移行のためのヒントは第1章に記載した。

また、経理財務部門を構成するメンバーは非財務情報と財務情報を結びつけ、深い洞察力をもって事業側に適時・適切に助言できるようにしておかなければならない。財務・非財務の融合の節で述べたが、財務数値の意味合いを非財務の情報と結びつけて分析、理解し、ステークホルダーや社内のメンバーに説明できなければならない。破壊的テクノロジーによってもたらされた変化の激しい環境下では、さらに今後の見通しと対応策まで踏み込んで提言できることが期待される。

この将来を見通し提言するには、膨大なデータを、ＩＴを駆使して統計的に分析し、市場の傾向や自社の事業特性を十分に理解する能力が必要であり、従来の経理財務部門に求められる人材層とはかなり異なる。これら実現に向けた解説について第2章および第3章で詳述する。

なお、プロセスについては徹底的な自動化が必要であると述べたが、そのためには経理財務部門だけのプロセスを理解しているのでは不十分であり、それらを含めたプロセス全体を理解することが不可欠である。さらには変革を導くリーダーシップも求められる。このような求められるスキルについても第2章で詳述する。

また、ここで述べたような人材を社内で育成していくには非常に時間がかかるが、タレントマネジメントの一環として、今後求められるスキルを定義し、マネジメント全体像を再定義しなければならない。この育成にかかわるポイントや内部人材で補いきれない場合の対応方法などは第2章および第3章で詳述する。

最後に経理財務部門の組織そのものについては、自動化の徹底により、従来から人員構成の大部分を占めていたオペレーションは極限まで削減されることになる。これにより、人員も今までと比較して「少数精鋭」となるため、組織自体もこれに合うように設計しなければ機能しない。少数の高いスキルをもった人員が、適切に業務遂行できる組織は基本的に階層がないフラットな組織であるが、このような新しい概念の組織や、海外の他のグループ会社も含めた設計方法についてもポイントとなる事項を第2章と第3章に記載した。

以上のように、これから経理財務部門に求められる機能を達成しようとするならば、今後ますます進展するデジタル化の波を踏まえ、現在のプロセス・システム・人員・組織は大きく変革し、真のイノベーションを実現する部門へと変貌を遂げていかなければならない。

この本では、こうした従来からの経理財務部門における課題を克服し、真の「デジタルファイナンス」を実現するために、ＫＰＭＧがグローバルレベルで有する新たな着眼点や知見に沿って、どう備えていくべきか、先進事例なども交えながら解説をしていきたい。

第1章

デジタル技術のインパクト

1

デジタルテクノロジーに対するグローバルＩＴリーダーの取り組み

序章で解説した通り、経理財務部門の変革を阻害する大きな要因のひとつが、旧態依然としたシステムの存在である。経理財務部門が変革を推進するためには、最新のデジタルテクノロジーのトレンドやそれらが自社のビジネスモデルや経理財務部門に与える影響を把握して、自社にとって最適な形で活用することが不可欠である。そこで、本章ではＫＰＭＧが実施した世界80カ国以上、約４０００名のＩＴリーダーを対象としたＣＩＯ調査の結果に基づき、世界のＩＴリーダーのデジタルテクノロジーに対する取り組みを紹介するとともに、主要なデジタルテクノロジーの概要と経理財務部門へ与える影響を解説する。

明確なビジョンと戦略はあるのか

最初に、自社組織にはデジタル化における明確なビジョンと戦略があるかという質問に対する回答を見てみよう。２０１５年から２０１７年までの調査では、全社的なデジタル戦略をもっている組織が年々増加傾向にあったが、２０１８年は減少に転じ、前年の41％に対し32％に留まった。一方で、事業部門ごとに明確なデジタル戦略があるという回答は増加している。

この結果から、顧客接点に位置するセールス、マーケティング、カスタマーサービスといったフロント部門については、デジタル戦略を策定した上で改革を推進しているが、経理財務を含むミドル・バックオフィス部門については改革が進んでいないなど、デジタル化の推進状況は部門ごとに差異が生じていることが考えられる。また、デジタル化に取り組んできた企業の中には、これまでの取り組みを振り返り、フロントだけでなくミドル・バックオフィスを統合したデジタル戦略の必要性をあらためて認識している企業も出てきていると考えられる。

デジタル化の効果はどれくらいか

次に、デジタル化の効果をみてみよう。特定のビジネス目標を達成する上でデジタルテクノロジーの活用はどの程度の効果をあげているかという質問に対して、「非常に効果的」または「極めて効果的」と答えた回答者は10人中３人もいないという結果であった。デジタルテクノロジーの有効活用に向けて、多くの組織が苦労している点が読み取れる。特に、デジタルテクノロジーが「顧客満足度の向上」に効果的であるとの回答が上位にある一方、「収益の拡大」に効果的であるとする回答が少ない点は注目に値する。ビジネス目標の達成のためには、顧客接点のデジタル化を推進するフロント部門だけでなく、経理財務部門が収益の拡大に資するデジタル戦略の立案に深く関わることが重要であると考えられる。

どのようなテクノロジーに投資をしているのか

それでは、各組織はどのようなデジタルテクノロジーに投資しているのであろうか。昨年に引き続き、今年もテクノロジー関連の主な取り組みへの投資計画について調査を行った結果、中でもクラウドへの投資は前年度から引き続き拡大しており、約4分の3の企業がクラウドへの中規模〜大規模な投資を行っていると回答している。クラウドは一定の成熟度に達しており、セキュリティや柔軟性・拡張性・ディザスタリカバリーに関しての懸念は、おおむね払拭されていることが読み取れる。クラウドの普及を後押ししているもうひとつの要因は、IT部門ではなく事業部門がIT投資とIT管理を直接行っていることにある。モバイルへの投資もクラウドと同じトレンドをたどっており、事業部門が主体的に新たなテクノロジーに関与する傾向は、ITの世界では一般的になりつつある。

ロボティック・プロセス・オートメーション（RPA）、仮想現実（VR）、ブロックチェーンに目を向けると、回答者の半数以上が現時点での投資計画はないと回答している。この3つのテクノロジーは最近大きな注目を集めているが、現時点での技術の成熟度では特定の業種に用途が限られているのが実情である。例えば、金融サービスの14％がブロックチェーンに中規模または大規模な投資を行っているのに対し、グローバル全体の平均は9％に留まっている。ITリーダーは、具体的なユースケースがある場合を除き、それ以外の分野への投資に力を入れていると考えられる。

ＲＰＡは、人間が行う定型業務の反復作業を自動化するテクノロジーであり、比較的少ない投資で人件費の削減、正確性の向上、コンプライアンスの改善につなげられる可能性がある。ロボットの台頭がメディアによって盛んに取り上げられていることを受け、3分の2以上がIT部門にＲＰＡを導入済みか、導入を予定しているという結果であった。また、IT部門の管理下にないカスタマーサポート部門や経理財務部門でもＲＰＡへの投資が広がっている。

これらのデジタルテクノロジーへの大規模な投資を行っている割合は、どのテクノロジーをとっても、デジタルリーダー(1)のほうがその他の一般的な企業よりも高く、その割合には大きな開きがある。デジタルリーダーの半数以上がクラウドに投資しているのに対し、一般的な企業では3分の1しか活用されていない。また、デジタルリーダーの17％がＡＩに多額の投資を行っているのに対し、一般的なその他の企業ではわずか5％に留まっている。デジタル戦略の整

(1)　本調査において、デジタルテクノロジーを非常に効果的に活用し、ビジネス戦略を実行している企業を指す。

備が遅れたままの一般的な企業は、今後もデジタル投資が進まず、デジタルリーダーとの競争力の格差が広がっていくことが懸念される。

経営者がITリーダーに求めるもの

最後に、経営陣がITリーダーに対応を求めるビジネス上の課題についてみてみよう。昨年の調査では、経営陣から対応を求められている最優先課題として「安定的かつ一貫性のあるITの提供」が最も多くあげられた。今年も62％の回答者がこれをビジネス上の主要課題としてあげており、最優先課題となっている。ITリーダーは、自社組織にとって最適な新しいデジタルテクノロジーの採用と、安定的かつ一貫性のあるITの両立を求められているのである。

また、ビジネス上の課題の中では「サイバーセキュリティの強化」の優先順位が最も飛躍的に伸びている。サイバー攻撃が世間を騒がせている昨今の社会情勢を考えれば当然の結果であろう。深刻なサイバー攻撃を受けると、社内業務に支障をきたすだけではなく、多くの顧客やメディアによりブランドは傷つけられ、企業の信用が失墜する。このため、デジタル投資の実行と並行して、セキュリティ対策に対する投資も不可欠となっているのである。

これまで、KPMGのCIO調査の結果に基づき、世界のITリーダーのデジタルテクノロジーに対する取り組みの状況について解説してきた。ここからは、この調査の中でも特に注目されている次の5つのデジタルテクノロジーとセキュリティ対策に焦点を当てて、その概要と経理財務部門に与える影響について解説する。

・クラウド型ERP・EPM
・RPA
・AI
・ブロックチェーン
・VR
・セキュリティ対策

2

クラウド型ERP・EPMの普及——会計システムも所有から利用する時代

ここでは、デジタルテクノロジーの中でも先行して普及が進んでいるクラウド型業務アプリケーションのうち、特に経理財務部門に関連するＥＲＰとＥＰＭに焦点を当てて解説する。

周知のとおり、ＥＲＰは統合基幹業務システムとも呼ばれ、販売、生産、購買、会計など企業の一連の基幹業務の実行を支援する。加えて、業務の実行にともない発生した情報をリアルタイムで一元管理することで、円滑な経営判断を可能とするシステムである。ＥＲＰを利用すると、出荷・検収などのフロント部門の業務処理と同時に自動仕訳が生成され、リアルタイムで自動仕訳が総勘定元帳に記帳される。

また、総勘定元帳の残高や明細データから仕訳の基となった原始証憑に該当する情報にドリルダウンすることが可能である。これらの一連の機能を活用することで、会計処理に関する業務の効率化や会計情報の精度向上が実現される。このため、ＥＲＰは多くの企業の経理財務部門において会計システムとしても利用されている。

従来は、ＥＲＰを「所有」して自社の環境で構築・運用するオンプレミス型[2]と呼ばれる形態が主流であったが、現在では、テクノロジーの進化にともないインターネットを介してＥＲＰを「利用」するクラウド型ＥＲＰが普及し始めている。実際には自社の業務要件を実現するためのパラメータ設定やインターフェース機能の開発などが必要となるものの、極端な言い方をすると、インターネット環境があればいつでもどこでもＥＲＰを利用できる時代が到来しているのである。

このクラウド型ERPを採用する主なメリットとして、以下の点があげられる。

①導入期間の短縮

これまで時間を要していたサーバーの調達や設置、ソフトウェアのインストールなどが不要となるため、導入期間の短縮が可能となる。

②拡張性の確保

数年に1度の大規模なバージョンアップを待たずとも継続的に機能が拡張される。例えば、会計制度などの各種制度変更やAIなどの先端技術に対応した最新のサービスの利用が可能となる。

③処理能力の最適化

事業環境の変化にともなうユーザー数やデータ量の増減に対して、システムの処理能力を柔軟に調整することが可能となる。

④TCOの削減

オンプレミス型ERPと比較して初期費用の大幅な削減が可能となる。また、保守運用やバ

（2）　サーバーやソフトウェアなどの情報システムを使用者が管理する設備内に設置し、運用すること。

ージョンアップ対応などに要していた人件費が不要となるためランニング費用の削減にも寄与する。

⑤セキュリティの強化

高度化・巧妙化するサイバー攻撃に対して、社外の専門家の知見を活用したセキュリティ関連サービスを利用することが可能となる。

⑥ユーザー部門の業務の標準化

自由設計の余地が少ないクラウド型ＥＲＰに業務を合わせるアプローチを採用することで、ユーザー部門の業務の標準化が促進される。

⑦ＩＴ部門の負荷軽減

ＩＴ部門は、煩雑な保守運用業務から解放されるため、管理するシステムの選択と集中や、より付加価値の高い業務へシフトすることが可能となる。

クラウド型ＥＲＰが登場した当初は、社外秘とすべきデータを社外の環境で管理することに対する不安から、その採用を見送る会社が多く見られた。

しかし、現在ではサービス提供会社の努力によって、自社でセキュリティ対策を施すよりもサービス提供会社のサービスを利用するほうが安全といわれるほど、サービス提供会社のセキユリティレベルは向上している。

また、機能不足を懸念する声もあったが、クラウド型ERPの標準機能は継続的に拡充されている。弊社はクライアントの次期会計システムに関する基本構想の策定を多数支援しているが、最近では次期会計システムの有力な候補としてクラウド型ERPを検討する企業が増えているのが実情である。日本政府も、政府情報システムを整備する際にはクラウドサービスの利用を第一候補とする「クラウド・バイ・デフォルト原則」の基本方針を決定しており、クラウド型ERPは今後ますます普及すると考えられる。

ERPと同様、企業の経営管理プロセスを支えるEPM（Enterprise Performance Management　統合業績管理）でもクラウド型の普及が進んでいる。一般的にEPMは、経営管理に必要なデータを収集する機能、予算管理や着地見込管理といった経営管理プロセスの実行を支援する機能、およびKPIの把握や定型・非定型のレポート作成・分析を支援する機能から構成される。これらの3つの機能ごとにクラウド型EPMの特徴を解説する。

①データ収集機能

EPMには、周辺のさまざまなシステムに蓄積されているデータを抽出、変換し、レポーティング・分析機能で利用できるよう格納する機能が整備されている。最近では収集するデータの対象として、オンプレミス型ＥＲＰや個別業務システムのみならず、クラウド型ＥＲＰやさまざまなデータ構造で管理されているクラウド上のＩｏＴデータまで、広くＥＰＭに自動連携することが可能となっている。昨今では、社内のデータだけでなく、社外のデータも活用した多角的なデータ活用が注目を集めており、オープンデータをはじめとした社外のデータ活用の容易性もクラウド型ＥＰＭのメリットとなっている。

②経営管理プロセス支援機能

経営管理プロセスでは、組織間の縦・横の調整が不可欠である。例えば予算編成では、総合予算の利益が当初の計画に達しない場合、利益計画自体の見直しや、各地域・事業・製品の販売・製造部門間の調整を行うなど、グループ・グローバル横断的なコミュニケーションが不可欠である。このような、広範囲にわたる組織間の情報共有や進捗状況の一元管理は、いつでもどこでも利用できるクラウド型ＥＰＭをプラットフォームとして活用することが有効である。

また、インメモリデータベースや高速ネットワークの普及にともない大量データの高速処理が可能となったことから、財務情報と販売計画・生産計画などの非財務情報を連動させたシミュレーションなど、従来は実現が難しかった経営管理プロセスの迅速化や高度化が可能となっている。

③レポーティング・分析機能

クラウド型ＥＰＭでは、常に最新の機能やテクノロジーが利用可能である。最近では、ＩＴ部門に依頼しなくてもエンドユーザーが自らデータを分析できるセルフサービス型ＢＩ(3)ツールや最新のＡＩ技術を活用した分析機能が提供されている。また、簡単な操作で分析した結果をグラフや表の形式で可視化し、経営ダッシュボードを構築することも可能となっている。

過去にＥＰＭを導入した多くの企業では、システム的な制約もあったことから、財務情報を中心とした実績データの可視化にとどまっているのが実情ではないだろうか。これまで解説してきた通り、クラウド型ＥＰＭをはじめとしたテクノロジーの進展により、社内外の財務・非財務情報をもとに実績情報と将来予測情報の分析結果から意思決定に必要な示唆を得るという、本来のＥＰＭ導入の目的を実現するための環境が整ってきているのである。

最後に、ＥＲＰ・ＥＰＭの他に最近注目を集めている経理財務部門向けのクラウド型アプリケーションを紹介する。

ひとつは、プロセスマイニングツールである。このツールは、ＥＲＰが管理している業務プロセスの処理パターンをログデータの蓄積により可視化し、負担の高い処理、例外処理、不十

(3)　ビジネスインテリジェンス。企業などの組織のデータを、収集・蓄積・分析・報告することで、経営上などの意思決定に役立てる手法や技術。

分な職務分掌、非効率な業務処理などの改善ポイントを具体的に特定することを可能とする。これらの改善ポイントに対して、ＲＰＡによる業務効率化や内部統制のさらなる強化などの施策を実行し、その効果をモニタリングすることで、継続的な改善が可能となるのである。

もうひとつは、決算業務をカバーするクラウド型アプリケーションである。従来は一連の決算業務は、ＥＲＰの外で人手を介して行われることが通常であった。ところが、当該アプリケーションの登場により、決算業務のほとんどがシステムでカバーされるようになったのである。例えば、決算業務を定義して可視化することで、誰が・いつ・どのような情報を活用して何を実施したかシステムで管理することが可能となり、ボトルネックの早期特定や継続的な業務改善が可能となる。また、ＥＲＰとフロントシステムの情報を組み合わせた勘定照合業務の自動化や未計上伝票の自動転記による単体決算の効率化が可能となるだけでなく、グループ会社間の債権債務の相殺消去も自動化することで連結決算の効率化も実現できる。さらに、これらのデータを監査証跡として会計監査人と共有することで、会計監査の効率化まで期待できる。このように、当該アプリケーションとＥＲＰを組み合わせることで、決算業務のデジタル化の推進が可能となるのである。

ＥＲＰやＥＰＭをはじめとして、今後もさまざまなアプリケーションがクラウド上で利用可能になるであろう。経理財務部門は、これらのアプリケーションの動向を常に把握するとともに、自社における適用可能性を継続的に検討し、変革の手を緩めないことが重要である。

3　RPAは次のステージへ——AIとの自動連携

次に、クラウド型ERP・EPMと並んで、普及が進んでいるRPAの概要と動向について解説する。日本では、人材不足や長時間労働を背景として多くの企業が「働き方改革」に取り組んでおり、労働生産性を向上させるための有効な手段のひとつとしてRPAの活用が広がっている。

RPAの特徴として、プログラミングを容易とする工夫がなされている点があげられる。プログラミング経験のない業務ユーザーであっても、わずかな期間でRPAの設計や構築手法を習得できるのである。また、複数のソフトウェアをまたいだ業務を自動化できる点も特徴である。従来から手動処理を記録して自動化するという機能はあったが、特定のソフトウェアに閉じた範囲でしか機能せず、複数のソフトウェアをまたいだ処理の自動化は困難であった。

ところが現在では、会計システムからデータを抽出し、そのデータを表計算ソフトで編集し、その結果をメールに添付して送付するといった一連の手作業をロボットが代行してくれるのである。これらの特徴から、ＲＰＡを利用することの難易度が下がり、利用範囲も広がったため、普及が加速しているのである。

ＲＰＡには、システム構成の観点から大きく2つの種類がある。ひとつはサーバー側でプロセスを管理する「サーバー型」であり、もうひとつはサーバーを介さずＰＣ上でプロセスを実行する「クライアント型」である。サーバー型は、複数のロボットを一元的に管理しやすいというメリットがある反面、ユーザーごとのニーズに個別に対応することが難しいというデメリットがある。

一方クライアント型は、個別のニーズに対応し易いが、同じ機能をもつロボットが複数開発されてしまうなどガバナンスが効きにくいというデメリットがある。ＲＰＡを導入する際には、小規模な利用であればクライアント型、１００プロセスを超えるような大規模な利用を見据えるのであればサーバー型など、利用範囲やコストを考慮して、どちらのシステム構成を採用するか検討することが肝要である。

次に、ＲＰＡ活用の動向をみてみよう。ＲＰＡは事前に定義されたルールにのっとって業務を自動化しているにすぎないため、人の判断が必要な業務まで自動化することはできないという制約がある。実際の業務においては、人の判断が必要な業務は数多くあり、判断に用いられる情報も曖昧な場合が多い。このため、ＲＰＡを導入しても人の関与が残ってしまい、一連の業務プロセスを一気通貫で自動化することができず、十分な効果が得られていない事例も散見される。

この制約を取り除くために、昨今ではＲＰＡとＡＩを組み合わせて自動化の対象範囲を拡張する一歩進んだ取り組みが始まっている。具体的には、ＲＰＡだけでは対応できなかった曖昧なルールに基づく判断をＡＩで補うのである。

例えば請求書に対する処理を例にとると、ＡＩが請求書の情報に誤字脱字があった場合に適当な文字を補う「補正」の機能、請求書の情報に含まれるキーワードから各表現の重要度をはかる「推測」の機能、および文書の表現から統合的な意味を判断し次の処理を選択する「洞察」の機能を提供する。これらのＡＩの機能とＲＰＡを組み合わせることによって、手書きの請求書に含まれる情報から勘定科目と品名を類推し、会計伝票を基幹システムに自動登録することが可能になる。

経理財務部門の担当者が行う業務は、請求書をスキャナーにもっていくことと、基幹システム登録前のチェックのみとなり、大幅な工数の削減が実現できるのである。

ＲＰＡの導入にあたって留意すべき点は、業務プロセスの全体最適化である。既存の属人化された業務や部分最適化された業務をそのままRPAに置き換えるだけでは十分な投資対効果は期待できない。各部門の個別最適を超えて、部門横断的な業務プロセスの全体最適を検討することが重要である。特に経理財務部門は業務プロセスの最終工程を担うことが多いため、会計情報の基となる情報を扱っているフロント部門と密接に連携して業務プロセスの全体最適化を検討した上で、RPAの導入を進めることが重要である。

4

「自然言語処理」がもたらす予測分析の高度化

前述のRPAとの組み合わせにも見られるように、AIのビジネス活用が広がっている。ここでは、マネジメントの意思決定に必要な情報を提供する経理財務部門の仕事のやり方を大きく変える可能性があるAIの自然言語処理を中心に解説する。

人間の脳と同様、AIにも言語を扱う「自然言語処理」、音声を扱う「音声認識」、画像を扱う「画像認識」等、取り扱うデータによって異なる処理が存在する。例えば、音声認識や画像認識は、スマートスピーカーでの呼びかけの認識、パーソナルコンピュータやスマートフォンの顔認証ロック解除など、個人のユーザーに近い領域で活用されている。その一方で、ビジネスにおいては自然言語処理が注目されている。その主な理由として、暗黙知を可視化して有効活用できること、および定性情報を活用して示唆を提供できることの２つがあげられる。

暗黙知の可視化

まず、自然言語処理を活用した暗黙知の可視化についてみてみよう。組織にとって、蓄えられた過去のさまざまな経験を活かすことは重要である。しかし、それらは膨大な量の文書として記録されているため、すべての情報を人間の処理能力で網羅的に分析し、活用することは困難である。また、日本は終身雇用制度の影響もあり、部署内に生き字引や匠と呼ばれる人たちが存在するため、周囲と共有すべき知識が「暗黙知」になりやすいと考えられる。過去の経験や匠の技が断片的な自然言語として組織に埋もれているのであれば、自然言語処理を行うＡＩは、まさにトレジャーハンターといえる。ＡＩは、単語間や文章間の関連性・類似性を測定することができるため、人間が一見して認識できないような大量の情報や複雑な情報を分析し、従来は所有している当人しか使用できなかった暗黙知を可視化し、有効活用できるのである。例えば、組織に蓄積された過去に発生した不正な会計処理に関する情報から、不正の特徴を可視化し、再発防止に活用することができるのである。

定性情報からの思いがけない示唆

次に、自然言語処理を活用することで、定量情報だけでなく定性情報も活用して示唆を提供できることについてみてみよう。

例えば、商品の売上を予測する場合、これまでは広告費、ＰＯＳ情報、気温、周辺施設のイベント動員数などの定量情報をインプットすることが通常であった。しかし、これらに加えて、ソーシャルメディアの評価コメントやウェブサイトでの口コミなど、自然言語で記載された定性情報もインプットして活用できれば、より精度の高い予測が可能となる。ＡＩは、大量の文書を高速で処理することに長けており、その速度は人の比ではない。人間が一日分の新聞を読む間にＡＩは数年分を処理することが可能であり、人間がひとつのサイトを閲覧する間に数万サイトを処理することも可能である。デジタル化の進展にともない利用できるデータが年々倍加する中で、いつまでも人間の力のみに頼ることには限界があるであろう。さらに、自然言語処理を活用することで、人間が通常気づくことのない情報の関連性を見つけることもできる。人間の常識にとらわれないＡＩだからこそ、定性情報を活用して人間が思いつかない示唆を提供できるのである。

このように自然言語処理を採用することで、これまで組織の中に蓄積してきた暗黙知を可視化して有効活用すること、および未来を見通した示唆を含む予測情報を提供することが可能となるのである。特に、マネジメントの意思決定をサポートする経理財務部門にとって、自然言語処理は付加価値の高い情報提供を支えるテクノロジーとして有効である。

5

本格化する事業会社による「ブロックチェーン」の活用

次に、ブロックチェーンの概要とそのビジネス活用について解説する。２００８年に暗号資産（当時の名称は仮想通貨）のビットコインの基礎技術として誕生したブロックチェーンは、暗号資産やフィンテックといった金融業界のみならず、今や各業界・各領域での利用が見込まれるようになった。ブロックチェーンには、非中央集権型で特別な管理者が不要であり、耐障害性が高く、改ざんしにくい等の特徴があり、新たなビジネスインフラとして注目を集めた。しかし、ブロックチェーンの価値の本質は、情報共有および相互監視に起因する「仕組みによる信用の確保」にあると考えられる。

仕組みにより信用をつくる

これまでビジネスにおいて取引や取引相手を信用するためには、コストをかけリスクを負っていた。取引相手のことは、過去の取引経験や関係性、権威のある第三者の管理といった環境、または常識的判断などを根拠として、間接的に信用せざるを得なかった。取引歴のない企業、特に海外の企業とはじめて取引する場合、相手の素性がわかりにくいだけに信用の確認作業には時間と労力をかけているにもかかわらず、取引情報の改ざん等の不正は後を絶たない。信用というものがいかに曖昧なものの上に成り立っているか推して知ることができる。

一方、ブロックチェーンは仕組みによって不正を防ぐ、言い換えれば仕組みにより、取引されるものを信用することができるため、取引相手自体に信用を求める必要はなくなる。端的に表現すると、取引の参加者に不正の可能性があっても、取引の仕組みに不正の余地がなければ、理論上、取引される価値は正当なものであるということである。

ビットコインをはじめとする暗号資産も取引相手が誰であれ、ブロックチェーン上で取引されていることにより真正性、つまり正しい価値の保有や転移を担保できているといえる。管理の甘さから流出が発生することはあるが、流出した暗号資産だからといって無価値になることはなく、また不正な暗号資産を作為的に生み出すこともできない。ブロックチェーン上に1ビットコインの保有が書き込まれていれば、誰から見ても「正しい」１ビットコインの保有を認識できるのである。

この仕組みこそが、ビットコインをはじめとする暗号資産を法定通貨と交換可能な「通貨」にまで昇華させるに至った理由である。ブロックチェーンは信用の創生機能を有し、信用の根拠を取引相手ではなく仕組みに転移させたといえる。

過大評価や理解不足は禁物

しかしながら、ブロックチェーンを取引に使用すればどんな取引にも信用をおけるというわけではない。ブロックチェーン自体は台帳管理の仕組みであり、台帳に書き込まれた情報に対して信用はつくれても、台帳の情報と実際の取引が異なるということは起こり得る。また、ブロックチェーンが作る信用は、台帳に記載された後の情報に対してであり、ブロックチェーンに書き込む前の情報や情報と実際のモノのつながりに対して信用を創出する仕組みではない。ブロックチェーンのみで作ることができない信用は、ＩｏＴや認証システムなどのテクノロジーで補完する必要がある。これはブロックチェーンと比較される既存技術のデータベースシステムを使用した場合と何ら変わらない。ブロックチェーンに対する過大評価ともいえる誤解が、導入での失敗や失望を招いてしまった事例が散見される。

また、ブロックチェーンの使いどころにおいても理解が及んでいなかったといわざるを得ない。ブロックチェーンは仕組みにより信用を担保するものであるため、極論としては取引相手を信用する必要はない。しかし、これまでの実証実験ではすでに信用がある者同士でコンソーシアムを組んでブロックチェーンを使う例が非常に多くみられた。信用できない、つまり不正を働く可能性がある参加者がいてなお信用のある取引ができることが利点である仕組みを、不正が発生する可能性がほぼない環境で使っているのである。そのため、ブロックチェーンであることの意義を感じられず、本番稼働に到達できていない例もまた多く存在する。

このような経験を経て、ブロックチェーンへの一時の盲目的な熱狂は過ぎ去り、本質を捉えて正しく効果的に使われるようになりつつある。例えば、デジタルコンテンツの著作権管理のような取引が不透明になるリスクが高く、インターネット上での処理が大部分を占める（情報とモノとのつながりが少ない）商流においてブロックチェーンの適用が始まっていることもブロックチェーンの特性を活用した好例といえる。ミュージシャンと消費者を直接つなぎ、音楽ストリーミング再生とデジタル決済を行い、ログを残すことで権利者へ適正に利益を還元することが可能とする仕組みである。これまで曖昧であったデジタルコンテンツの課題を解消することができる。

また、ブロックチェーンが貿易のような取引における信用の創生に多大なコストをかけている領域に対して適用され全世界的に利用を広げていることは、地域や国によらない共通の課題に対してブロックチェーンが効果を発揮しているということに他ならない。2018年の世界経済フォーラムにてブロックチェーンなどの分散型台帳技術がトレードファイナンス（貿易金融）の分野にて今後10年間で1兆ドルを創出できると述べたことにもポテンシャルの大きさをうかがわせる。

不正取引や不正会計の抑制に利用できる

企業の経理財務領域においても、ブロックチェーンの活用が考えられる。企業間でコンソーシアムを構築し、ブロックチェーンを用いた取引管理が実現できれば、不正の抑制だけでなく、取引に対応した会計伝票を自動的に記帳できるかもしれない。さらに、ブロックチェーンを会計監査人と共有することで監査が効率化されるとともに、不正会計の余地のない企業として投資家に評価されることにもつながるであろう。このブロックチェーンの機能が、近い将来クラウド型ＥＲＰに組み込まれる日が訪れるかもしれない。

このようにブロックチェーンは、本質を捉え、使いどころを見極めればこれまでの課題に対して驚くほど効果を発揮し、新たな価値やチャンスを生むことができる。ビジネスを形づくる仕組みとして機能し、信用の創生が困難な個人間取引を実現することができるかもしれない。また、情報の適切な利用を監視することで情報セキュリティを補強しリモートワーク環境の実現を容易にすることができるかもしれない。これまでは、暗号資産交換所や金融機関のみの関心事として捉えられていたブロックチェーンが、自身のビジネスを広げる武器となり、ビジネスを守る防具となっている。

いつの日か、誰の手を渡ってきたかわからない紙の書類と法定通貨は危なくて使えない、ビジネス上の決済はブロックチェーン上に保存されている契約書とブロックチェーン上で取り扱われる暗号資産の使用に限定する、という時代が来るかもしれない。

6 VR技術が人間の情報処理機能を拡張する

最後に、VRの概要とそのビジネス活用について解説する。

アニメやSF映画で、サングラスやヘッドマウントディスプレイを使い目に見える以上の情報を取得し分析する場面を見たことはあるだろうか。物体の形状を正確に測定、関連する情報を検索し、必要があればアラートをあげたりもする。現在、そのような世界がすでに実現されつつあり、さらにその先も考えられる段階になってきた。

近年、コンピュータグラフィックスの発展やハードウェアの処理性能の向上によりさまざまな視覚情報を空間に投影できるようになっている。現実の情報と仮想の画像情報の組み合わせ方法によりＶＲ、ＡＲ、ＭＲなど呼び方がさまざまで、これからも新しい名称が出てくることが予想される。最近ではＸＲと呼ばれることもあるが、ここではまとめてＶＲと呼ぶ。ＶＲ技術の根底は投影であり、何もない空間にあたかも物体が存在するかのように3次元の情報を映すことが特徴である。この投影するという技術が使い方次第でさまざまな価値を創出する。

情報共有の高度化

まず考えられるのは、物理的に距離のある拠点間での情報共有の高度化である。現在、リモート会議ではパーソナルコンピュータの画面をスクリーンに投影し共有をはかっていることが多い。働き方改革の推進にともないリモートワークの機会が増える中、リモート会議は必要性を増してくることだろう。しかし、リモート会議は対面での会議に比べて参加者の理解が進まないことが多い。リモート会議に参加はしたが、内容が頭に入ってこなかったという経験をもつ方も多いのではないか。これは、臨場感が人間の認識機能に影響するためであり、リモート会議には臨場感がないのである。スポーツ観戦なども、テレビ画面で見るのとスタジアムに行くのでは記憶の残り方がまるで違うことからも、臨場感の重要性は理解いただけることだろう。VR技術は3次元の投影により臨場感を生むとともに、より豊富な情報の共有により、会議におけるコミュニケーションの高度化・高品質化を実現することができる。

この情報共有をさらに拡張すると、面白い世界が見えてくる。VRは情報受信者のアクションによって見え方が、つまり視覚的な情報が変化することが特徴であり、これまでの技術に対する優位性である。これを活用すると、画像情報の重ね合わせにより実際には手元にない衣服の試着などができるようになり、また、家具を部屋に置いたイメージを映し出すこともできる。購入の疑似体験が手軽にできるのである。しかし、ここまではすでにビジネスとして実現されている。これが進化するとどうなるだろうか。現在は、パーソナルコンピュータやヘッドマウントディスプレイのモニターにコンピュータグラフィックスの情報を映していることが多いが、このモニター機能をもった全身を覆うウェアラブルデバイスがあれば、服を着るのではなく服を投影することで着衣として他人に見せることができる。帽子型のモニターデバイスがあれば髪型すら自由に変更できるようになるかもしれない。また、住居の壁や床がモニターデバイスとなればインテリアも一部は投影情報に置き換えることも可能だろう。消費者はモノを買う代わりに投影情報を買うことになるのである。インターネット上のアバターに服を着せ、アバターの家を装飾することと変わらぬ世界が実社会で実現されることになるかもしれない。

人間の視覚機能の拡張

ＶＲ技術の発展的な使い方としては、視覚情報の取得および分析の高度化による人間の機能の拡張があげられる。人間の情報処理プロセスは、知覚、認識、意思決定、反応の順に行われ、人間の知覚の内、視覚情報が8割以上を占めているため、人間の意思決定や反応のほとんどは目と脳を使用していると言える。しかしながら、視界に入る情報から人間が取得できる情報はごく一部であり、認識の際に脳で照合できる記憶の情報もごくわずかである。ＶＲ技術は画像投影と情報処理により目の視覚機能と脳の認識機能の両方を支援し拡張することが可能である。

例えば、医療の現場において、外科手術は知覚から反応までを高速かつ高性能で長時間行うことが求められる。仮に想定外の情報が目に飛び込んできてもじっくりと考え込む余裕などはなく、即断が必要となる。しかし、頼るべきは自身およびチームメンバーの知識となり、網羅的な情報を基にした判断などは望めない。それ以前に、捉えるべき情報を見落としてしまうかもしれない。このような場面ではＶＲ技術が価値を発揮するであろう。医師はウェアラブルデバイスをつけて手術を行うことで、視野に含まれる情報をつぶさにその場にいない複数の医師と共有することができる。また、取得した画像を並行してＡＩで処理することで視野の端でとらえた異常に対しアラートをあげることも、過去の情報を照らし合わせてどのような処置をすべきか提案し画像として表示することも可能となる。ひとりの医師ではできない高品質の医療をＶＲの支援で実現することができる。

このような支援は、製造現場や建築現場でも有効である。画像として取得した情報を個人の脳には収まらない膨大な外部情報と照らし合わせて意思決定の支援をすることができる。もちろん図面や設計書を見返す必要もなく、集合知を活用できるのである。目に見えている現実の情報と３次元情報を組み合わせることで、リアルタイムシミュレーションが可能となることも考えられる。ウェアラブルデバイスは両手をふさがないことも現場作業では非常に都合がよい。近い将来、経理財務部門も実地棚卸の現場でウェアラブルデバイスをつけ、実際に見えている材料や仕掛品の在庫と帳簿上の情報を瞬時に照合しているかもしれない。

また、ＶＲは経営検討会への適用も有効である。各拠点から経営者がウェアラブルデバイスをかけてリモート会議に参加し、３次元の財務・非財務情報からさまざまな示唆を得て現場を効率的に把握・分析し、的確な意思決定を行うことができるのである。さらに、その場で現場の責任者をリモート会議に加え、同じ情報を見ながらタイムリーにフィードバックを与えることができるのである。

現在、ＶＲの利用には比較的大きなウェアラブルデバイスの装着が必要であるが、将来的にはコンパクトサイズまでの小型化が期待されている。この時点までいけば、テレビやパーソナルコンピュータのモニターも不要となり、目で見て頭で考えるという人間のプロセスの一部はコンピュータによりシステム化される。ＶＲ技術は現実の物体を情報に置き換えるとともに、人間の持つ情報処理機能を外部化し拡張すると言える。

7
サイバーセキュリティ対策とセキュリティ対策のデジタル化

ここまで、世界のＩＴリーダーが投資を計画、もしくは実行しているデジタルテクノロジーの中から、クラウド型ＥＲＰ・ＥＰＭ、ＲＰＡ、自然言語処理、ブロックチェーン、およびＶＲに焦点を当てて解説してきた。ここからは、デジタルテクノロジーへの投資と並んで重要性が増しているセキュリティ対策について解説する。

サイバーセキュリティへのアプローチ

昨今、サイバーセキュリティやサイバー攻撃に関する見出しが連日のようにメディアを賑わせているが、経理財務部門の業務のデジタル化を推進する上でも、やはりこの問題は避けて通ることはできないであろう。

サイバー攻撃とは、一般に「高度なＩＴスキルをもった第三者からのオンライン経由での攻撃」の意味で使用されることが多い。ただし、オンラインでの攻撃といっても、現代は自動車、家電、工場の生産設備、社会インフラの制御システム等、さまざまな機器が通信機能を有し、ネットワーク経由でコントロールされている。そんなＩｏＴ時代においては、オンラインでのサイバー攻撃であっても、その代償として、物理的な損害がもたらされるリスクが飛躍的に高まっている。「セキュリティ＝情報漏えい対策」であった時代はもう過去の話なのである。

それでは、サイバー攻撃を仕掛けてくるのは一体どのような人物なのだろうか。我々ＫＰＭＧでは、この攻撃者のタイプを４つに分類している。

タイプ① 個人のハッカー

ハッキングに興味があり、攻撃の成果を公表して自分の実力を誇示したり、有名サイトに攻撃をしかけて、自分の実力が通用するかどうか腕試しすることを主たる目的としているタイプの攻撃者である。インターネットの黎明期からこの種の攻撃者は存在していた。

タイプ②　ハクティビスト（ネット活動家）

自身の思想、信条に基づき、それに反する活動をしている企業や団体に対して妨害や抗議活動を行うタイプの攻撃者である。ネットワーク社会の進展により、この種の抗議活動がオンラインでも一定の影響力を行使できるようになってきたことから台頭してきた。「炎上」という言葉を時たま見かけることがあると思うが、ソーシャルネットの情報伝搬力は凄まじく、新しいタイプのリスクとして企業側も認識しておかなければならないだろう。

タイプ③　組織的な犯罪集団

金銭的利益を得ることを目的に、組織的に活動しているいわゆる犯罪のプロ集団である。経理財務部門において、第一に想定しなくてはならないのがこのタイプの攻撃者であろう。金銭を搾取することが最終目的のため、その攻め口はオンラインでの攻撃だけにとどまらない。ソーシャルエンジニアリングに代表されるアナログ的な手法も取り入れた複合的な攻撃が仕掛けられることも珍しくない。

タイプ④　民族・国家

軍事の世界では、陸、海、空、宇宙に続く第五の領域としてサイバー空間が指定されているとのことだ。これまでは映画の世界での出来事だったサイバー戦争はいまや現実の脅威となりつつある。

経理財務部門が特に意識しなければならない攻撃主体は「組織的な犯罪集団」ではないかと述べたが、それでは彼らは何をターゲットにどのような攻撃をしかけてくるのか。

攻撃目標と攻撃経路を事前に想定し、それに対する対策を講じる手法をリスクシナリオアプローチと呼ぶ。この時、攻撃者のターゲットはクラウンジュエルとも呼ばれる。クラウンジュエルとは文字通り、王冠の真ん中に輝く最も高価な宝石のことである。支払関連のデータ、注文関連のデータ、口座データ、クレジットカード情報等、そのデータを搾取、改ざんすることで金銭的利益が直接もたらされるものがクラウンジュエルに該当する。自社のネットワーク、システム、業務環境をよく分析し、クラウンジュエルに到達できる経路をあらかじめ特定し、それぞれの経路からの攻撃を適宜遮断する策を講じておきたい。

従来、セキュリティ対策の妥当性、十分性の証明として、多くの企業ではセキュリティに関する国際的な規格やガイドラインへの準拠という手法がとられてきた。しかし、これらの規格やガイドラインへの準拠は、組織全体の底上げをするには有効であるが、自社がターゲットとなったサイバー攻撃を防ぐ手段としては、必ずしも十分ではない。なぜならば、サイバー攻撃は、ターゲットの組織を事前に入念に調査した上で、その会社特有の攻撃が仕掛けられることも多いからだ。グローバルスタンダードの共通、一般的な対策に加えて、リスクシナリオアプローチに基づく自社固有の対策についても取り組んでおくことが必要である。

一方、経理財務関連のシステムは、その性格上、内部不正対策については伝統的によく検討されている。ただし、これら内部不正対策についても、業務のデジタル化に合わせた見直しが必要である。例えば、業務の一部を人手に代わってロボットが代行するオートメーション化は、多くの企業で導入が進められているが、そのロボットの業務範囲やアクセス権限はどのように取り決められているのか。オートメーション化を優先するあまり、人手の時は相互牽制がかかっていたプロセスがブラックボックス化していたり、ロボットに過度な権限を割り当ててしまってはいないだろうか。ＩＴのことだからといって誰かに任せきりになってしまってはいないだろうか。デジタル化によって業務を刷新する際には、内部統制も刷新していかなければならない。引き続き、しっかりと相互牽制が効いた業務デザインでありたい。

デジタル化で変化する責任分界点

これまでセキュリティ対策は情報システム部門主導で進められてきた。ＩＴ機器の導入や業務システムの開発等、ＩＴに関することはすべて情報システム部門が一括して管理してきたからである。しかし、昨今のデジタル化ブームは、ＩＴ部門と現業部門の関係性にも変化をもたらしている。

今後、業務のデジタル化の主役は、それぞれの業務を所管する現業部門であって情報システム部門ではない。自部門の業務を外部のさまざまなデジタル化サービスを活用することによって、ＩＴの専門的な知識がなくとも、また、高価なサーバーやネットワーク機器を購入しなくとも、安価に容易にデジタル化することができるのが今の世の中である。そこでは情報システム部門は、必然的に統率者から相談者へとその役割が変化していくであろう。

情報システム部門が整えたＩＴ環境の中で、情報システム部門が施したセキュリティ対策に守られながら業務を行っていたこれまでとは違い、それぞれのビジネスラインが外部のデジタルサービスを活用しながら、ビジネス主導で業務のデジタル化を進めていく時代である。そして、そこでは、デジタル化されたビジネスを守るためのセキュリティ対策についても、ビジネスライン主導で検討を進めていく必要がある。

経理財務部門の例で考えれば、これまでは新たなシステムを導入する際には、まず情報システム部門にお伺いを立て、システム部門の開発余力に応じた導入計画を組まざるを得なかった。その結果、開発計画が立て込んでいる場合には、導入が先延ばしになったり、導入自体を断念せざるを得ないことも多々あったであろう。しかし、現代は外部のサービスを活用すれば、システム部門の開発計画に縛られることなく、経理財務部門自らデジタルパワーによって業務を省力化、高度化することができる時代である。一方で、今まではシステム部門が、セキュリティルールを考慮しながら開発を進めていた部分が、そっくりと委ねられるので、どうすれば自社のセキュリティルールに抵触せずにデジタル化を達成できるかを、主体的に検討していかなければならない。

　昨今の急速なデジタル化に多くの企業では、まだ管理部門の対応が追いついていない。情報セキュリティにおいてもそれは同様で、結果として企業のセキュリティルールが現在の状況を想定しておらず、ビジネスのデジタル化要件と対立してしまい、立往生している事例を多く見かける。そんなとき、ビジネスゴールを阻害することなく、セキュリティ管理側と折り合いをつけた着地点を見つけるためには、従来の情報システム部門を主、現業部門を従とした従属関係では解決は図れない。システム、ビジネス両者がパートナーシップを組んで、個別事象ごとに着地点を見つけていくアプローチが必要である。

　デジタル化時代は、情報システム部門と現業部門の関係性だけでなく、企業が負うべきセキュリティの責任範囲についても変化をもたらしている。

　ＳａａＳタイプのクラウドサービスは「誰もが好きなデバイスを使っていつでもどこからでもビジネスができる」環境を構築することができることから、働き方改革の面からも導入ニー

図表1－1　クラウドサービスの責任分界点

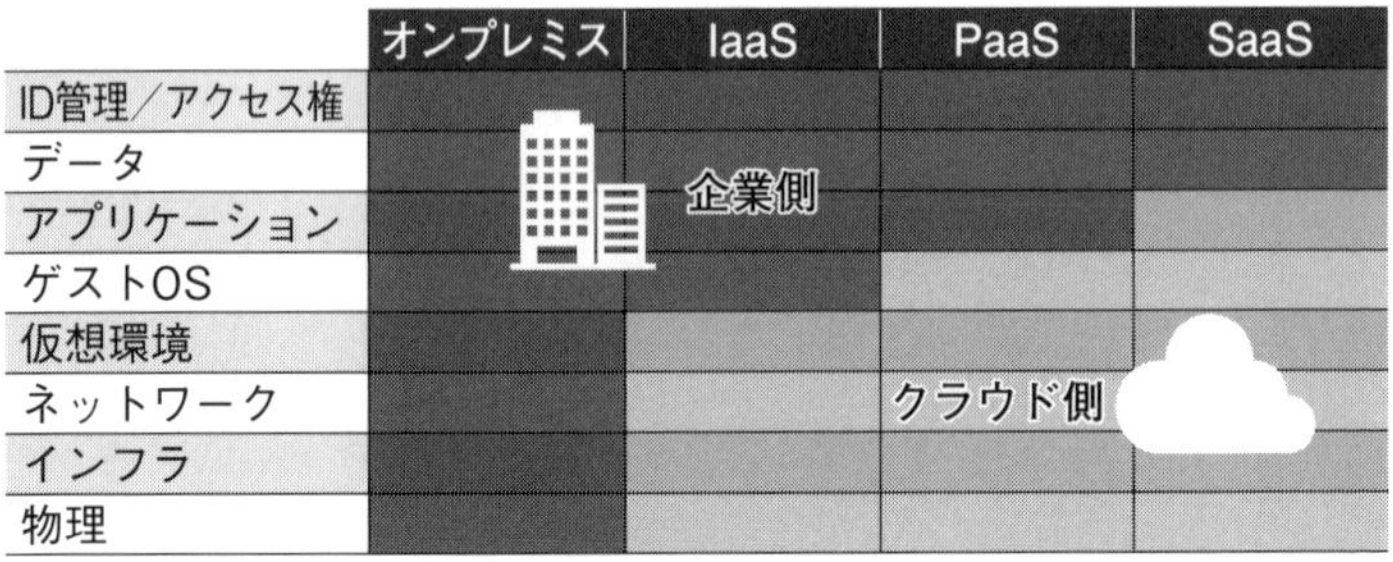

（出所）経済産業省商務情報政策局情報処理振興課「IT人材の最新動向と将来推計に関する調査結果 報告概要版」

ズが高い。

従来のオンプレミス環境では、組織はセキュリティ対策について一から十まですべて自組織の責任において、完結して対応しなければならなかった。それが、クラウドサービスを活用すれば、サービサー側とセキュリティについて責任を分担することができるようになってきている。

図表1―1はユーザーとクラウドサービサーとのセキュリティに関する責任分界点について示したものである。SaaS型サービスでは、ユーザー側はデータセキュリティとアクセス管理のみがその責任範囲であり、それ以外のレイヤーにおけるセキュリティはすべてサービサー側に依拠することになる。

このように、ビジネスのデジタル化は、セキュリティの面から見ても、オーナーシップや責任分界点の変化というパラダイムシフトを起こしているのである。

オンプレミスの環境では、情報システム部門がゲートキーパーとして一括して組織のセキュリティ対策を見てきた。ただし、さまざまなデジタル化サービスの台頭によって、ユーザーのセキュリティオーナーシップが強く求められるようになってきているのである。

セキュリティ対策のデジタル化

これまではビジネスがデジタル化することによって、セキュリティ対策がどのように変化していくかということを中心に述べてきたが、本節の最後はセキュリティ対策のデジタル化とその将来展望について触れておきたい。

少子高齢化にともない、我が国では労働力不足が懸念されているが、セキュリティ人材に関しても状況は同じである。経済産業省の推計によれば、2020年にはおおよそ19・3万人のセキュリティ人材が不足するといわれている。(4)

セキュリティ管理者のオペレーション業務を自動化し、負担軽減をはかるセキュリティオートメーションと呼ばれる技術、複数のセキュリティ機器製品を自動的に連携させて統合管理するセキュリティオーケストレーションと呼ばれる技術、これまでは熟練のセキュリティ技術者

(4)　IT人材の最新動向と将来推計に関する調査結果より。

の勘と経験に依拠する部分が大きかった攻撃検知等の分野にＡＩを取り入れる試みなど、セキュリティの分野でもデジタル化は確実に進展している。これらの動きは、やがてはデジタルパワーの恩恵によって、セキュリティ面でも、今よりもシンプルで強固なセキュリティオペレーションが実現されるであろうことを示唆している。

一方で、経理財務部門のように、外部のデジタル化サービスを活用して業務の省力化、高度化を企図するユーザー部門の視点で考えると、セキュリティ管理業務も今後サービス化が加速していくことが想像される。各部門が外部サービスを活用しながら、独自にデジタル化を進めることができる現代では、セキュリティの検討主体も自部門に移管されることは前項で述べた通りである。その際、セキュリティ管理についても外部サービスを活用していくことはよい考えである。

しかし、セキュリティの場合、デジタル化していくのは何も防御側だけに限らないということも一方で理解しておかなければならない。攻撃側も、もしかしたら防御側よりも早いスピードでデジタル化していくだろう。

近未来のセキュリティ像は、もはや人間の出る幕がなくなり、攻撃側も防御側もＡＩを駆使した、ＡＩ対ＡＩの高度な攻防の場になっていくのかもしれない。

8　「2025年の崖」をDX推進の契機に

これまでKPMGのCIO調査の中でも、特に注目されているデジタルテクノロジーとセキュリティ対策について、経理財務部門への影響も交えて解説してきた。昨今では、これらのデジタルテクノロジーを活用し、これまでにないビジネスモデルを推進する新規参入者がマーケットに登場し、デジタル・ディスラプションと呼ばれるゲームチェンジが起きている。各企業は、このような環境において、競争力の維持・強化のために、デジタルテクノロジーを活用した変革、いわゆるデジタルトランスフォーメーション（DX）を迅速に進めることが求められている。

このDXに関連して、2018年9月に経済産業省から「DXレポート」が公表された。これは、日本企業のDXの実現に向けたITシステムの現状の課題とその対応策に関する報告書である。

この報告書の中で、複雑化・老朽化・ブラックボックス化した既存システムが残存した場合、

2025年までに予想されるIT人材の引退やサポート終了等によるリスクの高まりにともなう経済損失は、2025年以降、1年当たり最大12兆円にのぼる可能性があると指摘されている。この場合、ユーザー企業は爆発的に増加するデータを活用しきれずにDXの実現が不可能となり、デジタル競争の敗者となる恐れがある。また、ITシステムの運用・保守の担い手が不在となり、多くの技術的負債を抱えるとともに、業務基盤そのものの維持・継承が困難になる。さらには、サイバーセキュリティや事故・災害によるシステムトラブルやデータ滅失・流出のリスクが高まることも予想されている。このようにDXの実現は、各企業の競争力にとどまらず、企業の存続をも左右する重要な経営課題として位置づけられるものである。

それでは、DXを実現するために、企業はどのように取り組めばよいのであろうか。KPMGでは、次の4つのステップでクライアントのDXの推進を支援している。

①機会の認識　デジタル化による創造的破壊の業界固有の機会を認識する
②ビジネス戦略の策定　顧客を起点としたビジネス戦略を策定する
③オペレーション戦略の策定　フロント、ミドル、バックオフィスをつなぐ全社的なオペレーション戦略を策定する
④DXの実行　DXを通して企業文化の変革プログラムを実行する

特に、ＤＸの成功を左右するのが、フロント、ミドル、バックオフィスをつなぐ全社的なオペレーション戦略の策定である。デジタルテクノロジーの活用は、ＣＲＭ（顧客管理）やデジタルマーケティングなど顧客接点となるフロントオフィスが先行してきた。ところが、フロントオフィスで管理しているデジタルデータはミドル・バックオフィスとタイムリーに共有されておらず、全社横断的なデータの有効活用に至っていない企業が多いのが実情である。経理財務部門は、フロント、ミドルオフィスからデータを入手し、分析し、その結果を関係者にタイムリーにフィードバックできるよう、全社的なオペレーション戦略の策定に深く関与することが重要である。

もちろん、経理財務部門独自のＤＸも不可欠である。２０２５年問題などを見据えて会計システムの刷新に取り組む企業も増えているが、単なるシステムの置き換えにとどまっており、抜本的な生産性の向上や属人化の廃止に至っていないのが実情ではないだろうか。

経理財務部門は、これまで紹介してきた最新のテクノロジーを積極的に活用することで時間を創出し、ビジネスに貢献する付加価値の高い情報を提供し、マネジメントの意思決定をサポートする役割を強化することが求められる。２０２５年の崖を好機としてとらえ、デジタルテクノロジーを活用した新時代の経理財務部門の実現を目指していただきたい。

第 2 章

経理財務における
イノベーションとは

1 KPMGの考えるFuture of Financeとは

前章では経理財務部門にイノベーションをもたらす破壊的テクノロジーの説明に焦点を当ててきたが、本章ではその破壊的テクノロジーによって経理財務部門の業務がどのように変化していくのか、また破壊的テクノロジーが導く最先端の経理財務部門の姿をKPMGが考えるFuture of Finance のフレームワークに沿って解説していく。

まず、Future of Finance のフレームワークについて説明したい。このフレームワークは、デジタル時代のCFOをはじめとした経理財務部門が検討すべきアジェンダを示したものである。図表2―1をご覧いただきたい。この図にあるように、KPMGが提唱するフレームワークは「①経理財務戦略とイノベーション」「②インテリジェント・オートメーション」「③インサイト&アナリティクス」「④組織の簡素化」「⑤スキル&タレント」「⑥データマネジメント&ガバナンス」「⑦企業統治・コンプライアンス&コントロール」の7つの要素から構成され

図表2－1　Future of Financeの実現に向けたフレームワーク

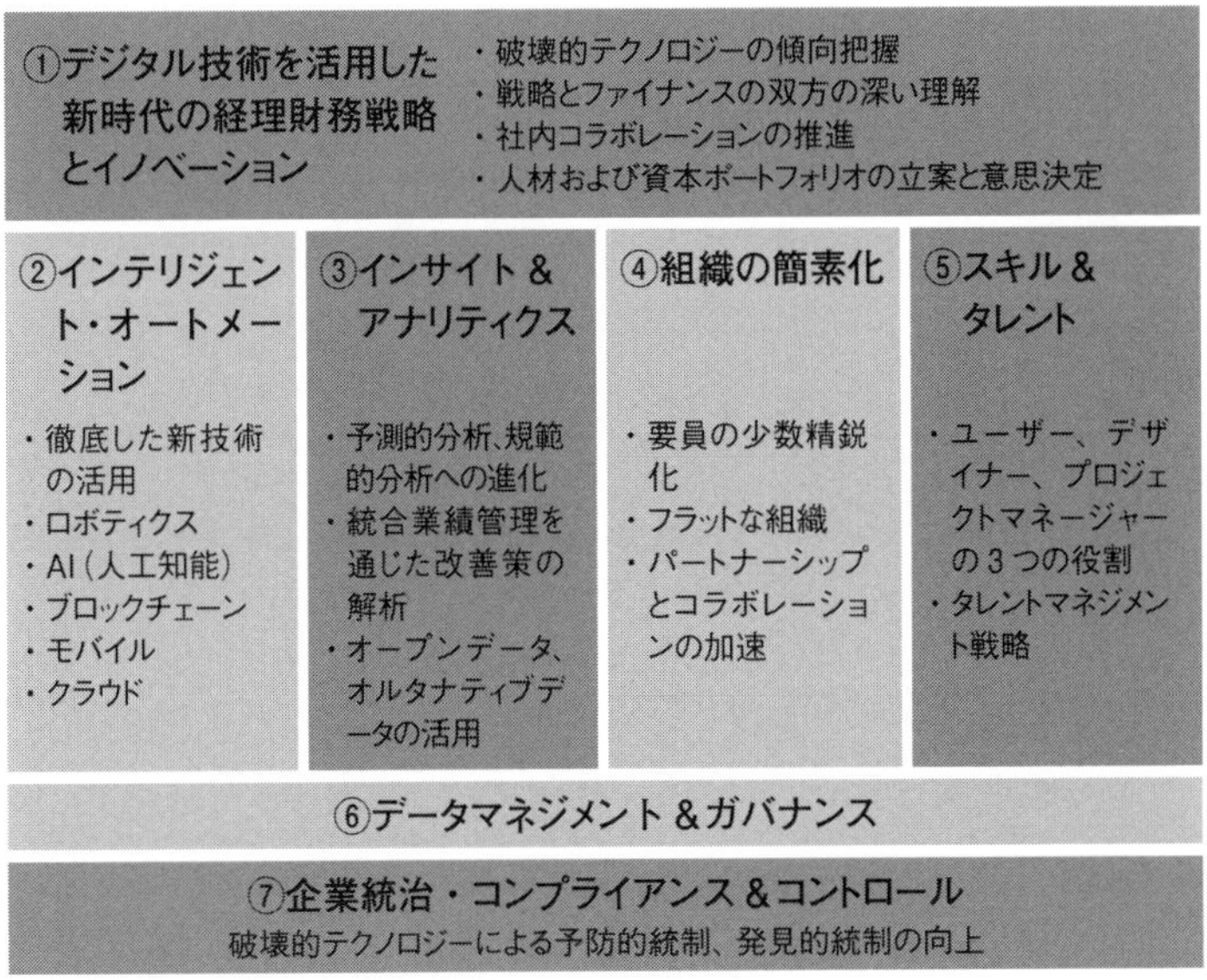

（出所）KPMG

ている。

このフレームワークにおいて最も重要視すべきは、すべての要素の枠組みや方向性の礎となる「経理財務戦略とイノベーション」である。今後の経理財務部門は日々の取引処理や帳簿管理のような定型業務を担当する立場から、イノベーションを起こすためのストラテジストの役目を果たす立場となり、自社の経営戦略や事業戦略を財務的な視点からリードし、経営者の意思決定を積極的に支援していくことが強く求められる。また、経理財務部門が主導して、イノベーションを実現するためには、社内コラボレーションの推進や人材および資本の最適なポートフォリオを立案する役目も重要になってくる。

次に「インテリジェント・オートメーション」である。Future of Finance の実現に向けて、今後ますますロボティクス、ＡＩ、ブロックチェーン、モバイル、クラウドといったデジタル技術を活用して経理財務業務の効率化や自動化を突き詰める必要性が高まる。今後の経理財務部門がストラテジストとして付加価値の高い業務にシフトしていくためには、現状多くの時間が割かれている取引処理や報告業務等の定型業務をＲＰＡやＡＩを組み合わせたインテリジェント・オートメーションを活用して、いかに削減していくかがポイントとなる。

３つ目は「インサイト＆アナリティクス」である。ここでは、高度なデータ分析や経営的意思決定を支える適切な洞察と示唆の提供がテーマとなる。ビッグデータのような大量データの高速処理を可能にするデジタル技術の発展によって、今後は非財務値やオープンデータ、オルタナティブデータといった外部データも活用した分析が経理財務部門でも主流になってくる。さらに、ＡＩ、コグニティブ・コンピューティングによって、仮説検証を繰り返しながら最適なビジネス解を提示するところまで自動化範囲は拡張されていく。これらの技術と向かい合いながら経営管理をより一層高度化させていくことが必要になってくる。

４つ目は、「組織の簡素化」である。デジタル技術の発展により自動化範囲が拡張すれば人手による業務量が削減され、要員が縮小化されるのは必然の流れである。そして、経理財務部門に残った業務は高付加価値業務であり、それらの業務難易度を考慮するとおのずと組織は少数精鋭化されてくる。この少数精鋭制は１人ひとりが大きな裁量権を保持し、自己の責任の下、業務を遂行するため、責任を段階的に切り分ける階層化組織ではなく、フラット化組織へと変化していく。さらに、組織の簡素化という視点でいうと、ＡＩ技術をクラウドサービスで提供する等の今までにない特化型企業と積極的にコラボレーションしながら、自社のリソースを真にコアな部分だけに集中することも考えなければならない。

５つ目は、「スキル＆タレント」である。業務や組織が変化すれば、経理財務部門が求める人材像も自然と変化する。これらの変化を見据えて、ＫＰＭＧでは今後の経理財務部門に必要になる人材は、ユーザー、デザイナー、プロジェクトマネージャーの３つの役割に大別されると考えている。そして、デジタル化の成長ステージに沿った役割配分の考慮も必要となる。また、本要素を検討する上で、ハイスキルなデジタル人材を獲得・育成するための手法やそれらの人材の維持・管理も重要なテーマであり、総じてタレントマネジメントの視点も外せない。

６つ目は「データマネジメント＆ガバナンス」である。経理財務領域においても今後は非財務値や外部情報等の多種多様なデータを扱う必要が出てくる。これらのデータが正規化されておらず精度が低いままであれば、いくらＡＩや高度な分析ツールを使用しても期待されているパフォーマンスを発揮することはできない。そのため、デジタルトランスフォーメーション時代において、データマネジメントの重要性は一層増してくるものと考えられる。

そして、7つ目の要素が「企業統治・コンプライアンス&コントロール」である。デジタル技術の進化による全件モニタリングの実現、データビジュアライゼーションによる異常値の検知、プロセスマイニングツールによる業務プロセスの文書化やモニタリングなど、デジタル化は内部統制という観点においても大きな飛躍をもたらしている。ただし、デジタル化が進んだ場合でも、業務自体に引き続きガバナンスを効かせていく必要があることを忘れてはならない。

では、このフレームワークを念頭におきながら、Future of Finance の実現に向け、どのような取り組みが必要になり、経理財務部門がこれからどのように変わっていくのかを解説していきたいと思う。

2 経理財務戦略とイノベーション

Future of Finance において、経理財務戦略とイノベーションは最も重要な項目である。

今後のＣＦＯをはじめとした経理財務部門では、企業においてより戦略的な位置づけを担うために、ＰＥＳＴ分析[1]や5フォース分析[2]等を通じて時代の潮流をとらえながら、自社の経営戦略や事業戦略を根底から理解する必要が出てくる。

それは、自社の経営資源を何にどのぐらい投資するかという判断の根拠になる部分であり、これらを正しく認識していないと経営層が描く将来像に対して適切な投資配分を行えず、最終的には経営層が多大な時間を投じて策定した戦略から乖離した結果を導いてしまうことになる。

現状、経営戦略や中・長期経営計画という定性的または大枠の定量的な目標値を、オペレーションのための各種年次計画にうまく連動できていない企業が散見される。これは従来、戦略的な部分は経営企画部が担い、財務値による定量的なオペレーションは経理財務部が担当するという部門間の線引きが明確になされてきたことが原因と考えられる。しかし、今後はデジタル化によってシームレスな組織体制が可能となるため、経理財務部門では、この2つを連携させる架け橋の役割を担うことがますます重要になってくる。

（1）Politics：政治、Economy：経済、Society：社会、Technology：技術という4つの視点から自社を取り巻くマクロ環境を分析する手法。
（2）新規参入の脅威、買い手の交渉力、売り手の交渉力、代替品の脅威、業界内の競争という5つの視点から業界の構造を把握する手法。

また、立案した戦略を実現するために投資した人・モノ・金について評価指標をベースに正確に管理し、必要に応じ適切な施策を実行に移すという一連のプロセスにおけるリーダーシップも求められる。現状でも事業の投資対効果を管理しているのは経理財務部門であるが、実際は実績を集計して計画の進捗度合いを把握し、差異分析結果を経営層に報告するまでにとどまっていないだろうか。今後はＡＩやコグニティブ・コンピューティングの発展によって、予測の精度が向上し、次のアクションプランまでもが自動的に提示される世界がやってくる。

そのような時代がやってきたとき、経理財務部門にはＡＩやコグニティブ・コンピューティングが提示した予測やアクションプランが最適な解であるかどうかの妥当性を判断することが求められる。企業とは生き物であり、さまざまな考えをもつ人間達の集合体である。そのため、論理的な思考だけではうまく立ちゆかないのが常である。

こうした点も考慮しながら、経理財務部門はアクションプランを実行に移すために、組織内のあらゆる利害関係者とコラボレーションしながら物事を推進していくという、決してＡＩなどでは代替できない役割を担っていかなければならない。そのような姿が実現すれば、経理財務部門は将来を見据えることができるビジネスパートナーやバリュークリエーターとして存在価値を高めていけるであろう。

3 インテリジェント・オートメーション

近年のＡＩやブロックチェーンをはじめとするデジタル技術の発展は目覚ましい。１９９０年代にインターネットが実用化されわれわれの日々の生活だけでなく、企業活動も従来に比べより便利に、より効率的に、高度になってきた。それから約20年経った今、デジタル技術はインターネットの次に社会に大きな変革をもたらすといわれている。

それは経理財務部門においても例外ではなく、これらデジタル技術の発展により経理財務業務が大きく変わろうとしている。本節では、デジタル技術により経理財務業務がどのように変革されていくのか、具体的に解説していきたい。

経理財務業務の完全自動化へ向けた期待と現実

ＫＰＭＧコンサルティングが働き方改革の取り組みとしてＲＰＡの導入コンサルティングを始めたのが２０１６年であるが、当時は「本当に業務を自動化できるのか」「構築はプログラミングなど特定の専門技術のある人しかできないのでは」といった懐疑的な見方が企業の経理財務部門やＩＴ部門では多かった。しかし、ＲＰＡは瞬く間にありとあらゆる日本企業に導入されていき、われわれがおつき合いのあるクライアントやセミナーなどで会話をすると、多くの大企業で導入が進んでいると実感する。米国の調査会社ＴＭＲが２０１６年に発表したレポートによると、２０２０年にＲＰＡを導入している企業は70％との試算もある。

このようにＲＰＡは広く日本企業で導入が進んでいるものの、劇的に効率化・自動化の効果を創出できている企業は少ないのが実態である。経理財務業務において主にＲＰＡが導入されている業務は、会計伝票入力、入金消込業務、各種財務情報のエクセルによる集計・変換、取引先のマスタ登録・変更などであるが、やはり経理財務業務においても現状業務の負担を大幅に削減して高付加価値業務への人員再配置や役割分担の見直しまで実行されている企業は少ないように思われる。それはなぜだろうか。

ひとつの事例として、ＲＰＡを導入したあるメーカーでの請求書支払業務を見てみよう。この事例に登場するあるメーカーではＲＰＡを導入して次のようなステップで請求書支払業務を行っている。

①請求書を取引先より受領し、種類別に仕分ける

②各担当者が請求書の取引先、請求内容、金額を確認
③確認結果を踏まえ、各担当者が費用計上を行う勘定科目を判断する
④各担当者が仕訳データ一覧に仕訳データを記入する
⑤ＲＰＡが仕訳データ一覧と発注・納品データを突合
⑥ＲＰＡが仕訳データ一覧の情報をもとに会計伝票起票

このように⑤、⑥のステップはＲＰＡが適用されているものの、全体としての工数削減効果は20％程度にとどまり、当初の目標としていた50％の工数削減は実現できなかった。ひとつの原因は第1章のＲＰＡの項でも述べた業務プロセスの全体最適化の視点の欠如にあった。もうひとつは、②から④の業務について、紙の請求書の読み取りと、請求内容や明細をもとに費用計上科目を判断する非定型業務があるため、ＲＰＡが得意とする電子データ、かつ定型業務に該当しないため、どうしても人手による作業が残ってしまったためである。ＲＰＡが世の中に知れ渡り始めた初期段階で抱いた「あらゆる業務を自動化して業務負荷を劇的に削減できる」といった企業の経理部門の淡い期待は、ＲＰＡの技術的制約からその期待に十分に応えきれなかったのが実態として多いのではないだろうか。

しかし、昨今のＡＩ・機械学習の進化により、紙情報の読み取りや非定型業務についても自

動化適用範囲が大きく広がりつつある。

ロボティクスとＡＩを組み合わせたインテリジェント・オートメーションの実現

先述のあるメーカーの事例では、50％の工数削減を目指してＲＰＡの導入が進められたが、結果は目標とはほど遠いものとなった。理由は、紙帳票の情報読み取りと非定型業務への対応がＲＰＡは不得手であるためであった。しかし、現在ではＲＰＡをベースに、ＡＩと機械学習を取り入れた技術開発が進んでいる。この技術開発がさらに進めば、ＲＰＡが取りこぼしてしまった紙帳票の情報読み取りや非定型業務の自動化が進み、経理業務の完全自動化に向けた大きな一歩になる可能性を秘めている。

ここからは、ＲＰＡが不得意とする紙帳票の情報の読み取りと非定型業務への対応について、ＡＩ・機械学習を取り入れた近年の技術開発の状況をご紹介しよう。紙情報の読み取り・非定型業務について、ベースとなるＲＰＡの自動化テクノロジーにＡＩ・機械学習のテクノロジーを組み合わせることで業務プロセスの一部分にとどまっていた自動化がプロセス全体まで広がる可能性を秘めている。

紙情報の読み取りについては、従来から文字認識技術として「ＯＣＲ」があったが、機械学習を取り入れ、精度や利便性が向上したＡＩ－ＯＣＲが実用化されている。

従来のＯＣＲは、定型帳票（帳票の特定の場所に、決められた情報が記載されているもの）のみを対象とし、読み取り精度も活字や丁寧な手書き文字は読み取れるが、崩し字や癖のある文字に対しては精度が低いという問題があった。

一方でＡＩ－ＯＣＲは、文字列や構造を自動認識することで非定型帳票にも対応し、読み取り精度についても文字パターンを大量学習させ、活字も手書き文字も従来のＯＣＲより高い精度で読み取ることが可能となっている。また、欄内に2行折り返した文字や欄外にはみ出した文字、斜めから写真で撮った台形型の帳票画像の文字読み取りも可能となるなど、劇的に進化している。また、読み取った帳票は、自動で種類別にフォルダを分けて画像データを保存するような機能も備えている製品もある。

ＡＩ－ＯＣＲソリューションは２０１８年頃から急速に導入事例が増えているが、ソリューションを提供している製品ベンダーは数多くあり、技術も日々進化している。提供形態としては専用サイトを使ったクラウドサービスが基本であり、インターネット環境とパソコン、スキャナーがあればすぐに使うことができるため、導入のハードルは下がってきている。

次に、非定型業務の自動化に関しては、最近、ＲＰＡベンダーが特に開発に力を入れている分野のひとつであり、すでに非定型業務をＲＰＡで実行することは可能な状態まで進化してい

図表２－２　請求書支払業務の自動化例

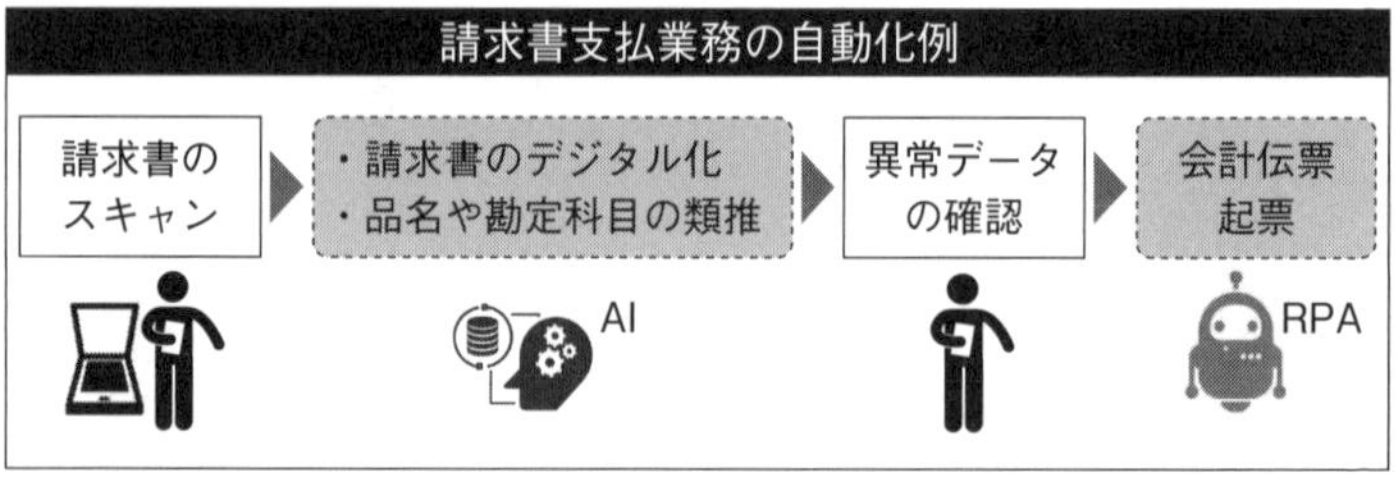

（出所）KPMGコンサルティング

る。しかし、既存の業務ＢＰＲを行うことなく安直にＡＩを適用するのではなく、第一に考えるべきは、非定型業務を細分化し、それぞれ細分化された業務について定型化（ルール化）できないかどうか、考えることを優先して取り組むべきである。その上で、どうしてもルール化できない、人間の判断が介在する業務についてはＡＩの適用が考えられる。

　先述したＲＰＡを導入したあるメーカーの例においては、請求内容・明細をもとに勘定科目を決定していくことはある程度はルール化ができるものの、費用の支出用途や場所などに基づいて勘定科目を判断する必要があるもの（お茶代を用途に応じて会議費にするケースもあれば、福利厚生費にする場合がある、など）もあり、このようなケースでＡＩを活用することで勘定科目の判断を自動化できる。

　これらのＲＰＡ、ＡＩ、ＡＩ‐ＯＣＲの技術を組み合わせると、図表２―２のように請求書をスキャンさえ行えば、請求書の自動仕分け、電子データ化、勘定科目の類推、会計伝票起票まで請求書支払業務の完全自動化を実現できる可能性があり、導入事例も今後増えていくと予想される。

AIによりさらに広がる経理財務業務の自動化

ここまでは、主に請求書支払業務の自動化について述べてきたが、経理財務業務においてはその他にも決められたルールに基づき反復定型的に行われる業務や紙帳票をインプットして業務を行うケースもまだまだ多いため、AIやAI－OCRを活用した業務自動化余地は大きい。

たとえば、すでに実用化段階に入っているが、新規取引先の与信判断にAIを用いて、取引先の信用力の判断を行わせる技術開発が進んでいる。取引先の財務情報など客観的な情報に加え、人間では処理に時間がかかる膨大な取引履歴や過去のニュースを確認し、SNSなどの膨大なデータから新規取引先の信用力をAIが評価し、その結果を受けて、人間が最終判断を行う、という仕組みだ。

また、請求書支払業務に代表される日々の仕訳伝票起票についても、銀行口座の入出金情報をもとに、AIが自動で勘定科目を判断して自動で仕訳計上することが、すでに実用化されているし、入金消込業務においても、過去の入金パターンを分析してイレギュラーな業務を自動化することも可能である。

さらに、実用化されていないものの今後の可能性としてＡＩを活用して次のような業務への適用が考えられる。

・契約書や調達仕様書などの文書に対して自然言語処理技術を活用し、固定資産の耐用年数判断や長期前払費用など繰り延べの判断を自動で行う業務
・自社内外の市場動向・財務情報などをもとに経営戦略への示唆出しや、当期の決算着地見込みを高精度に予測する業務
・会計・税務制度、勘定科目などの問い合わせに対してＡＩが無人で対応する業務
・入出金明細から財務状況や将来の資金繰りを予測する業務
・為替エクスポージャーに対して、為替相場動向から最適なヘッジ方法とタイミングを提案する業務

以上はあくまでも例示であるが、この他にもさまざまな用途で経理財務業務にＡＩを活用できる余地が将来的には広がっている。

税務業務へのデジタル技術の活用

次に、税務業務について同様にデジタル技術の活用で業務が今後どのように変わっていくのか考察してみたい。税務業務というと、紙帳票をもとに人手で実施している企業が多く、デジタル技術を活用して業務を自動化・高度化することとは無縁と思われている方も多いのではないだろうか。しかし、先進的な取り組みを行っているタックスエクセレントカンパニーでは、デジタル技術を活用して税務業務の自動化を進めている。

ここで、税務業務とはどのような業務なのか、その全体像からご説明しよう。図表2―3をご覧いただきたい。税務業務は、大きく分けて2つの業務に階層化できる。

ひとつ目は、国内外に所在する関係会社の税務情報を一元管理し、M&A戦略を含む企業の税務戦略を構築する「税務ガバナンス業務」である。高度な税務と経営管理の知識をもち、経営に深くかかわる業務である。

そして、もうひとつは、税務申告書の提出や税務調査への対応をはじめとした、各国の法令に規定された手続を遵守する「税務コンプライアンス業務」である。一般的に税務の仕事と聞くと「税務コンプライアンス業務」をイメージしてしまうが、グローバル企業にとって「税務ガバナンス業務」は経営に直結する重要な業務である。

図表2－3　税務業務の全体像

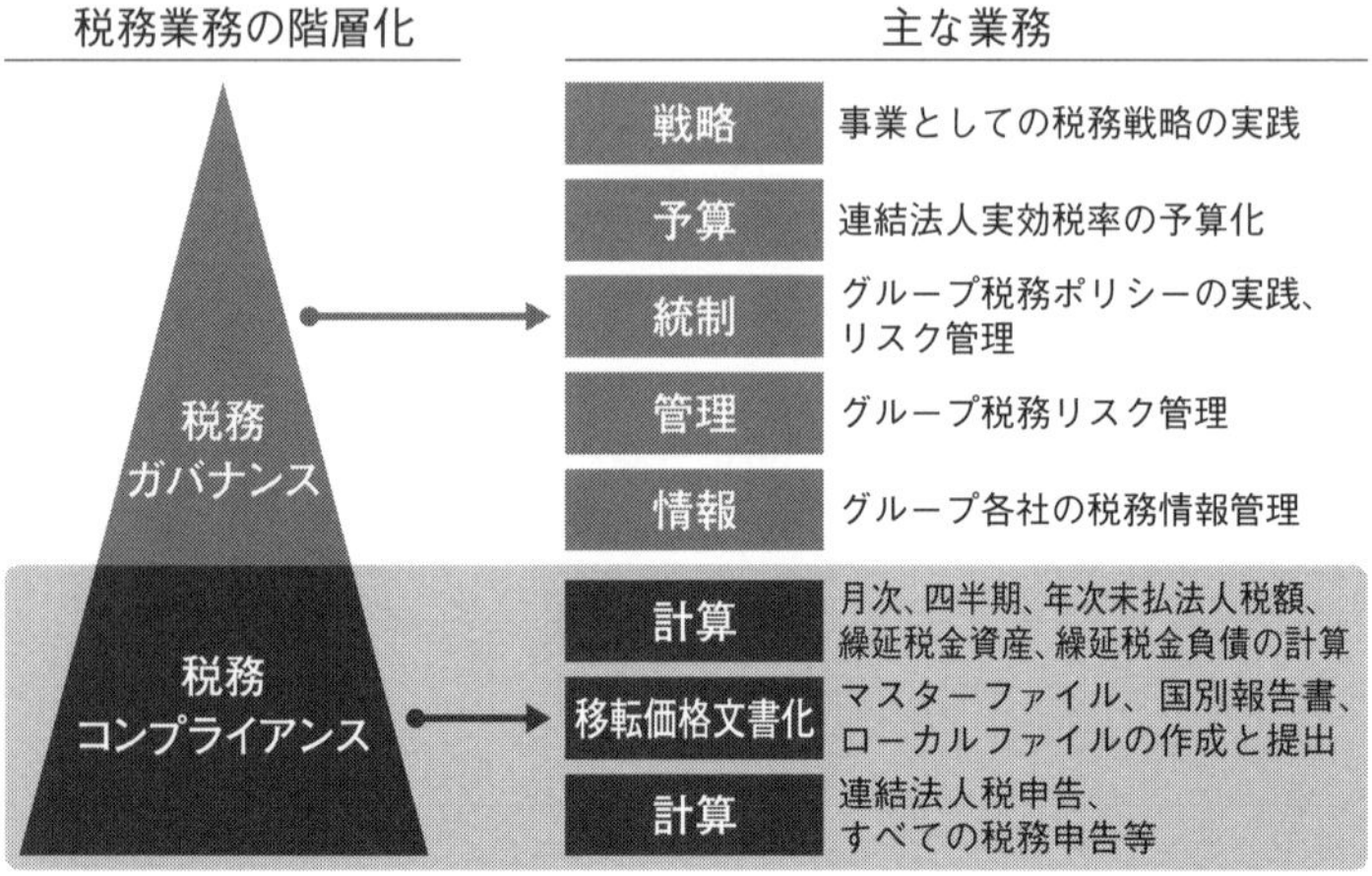

（出所）KPMG

しかし、多くの企業にとっては「税務コンプライアンス業務」に時間を割かれてしまい「税務ガバナンス業務」に十分な時間を割けていないのが実態である。これは、税法の遵守を重要視していることが最大の要因であるが、税務コンプライアンス業務自体が帳票を入力して、印刷しチェックして保管するといった手作業が多く存在することに加え、年々複雑化する税制改正も税務コンプライアンス業務の負荷を上げる一因となっている。

このような中、一部のタックスエクセレントカンパニーでは、税務業務にＲＰＡやＡＩをはじめとするデジタル技術を導入し、税務ガバナンス業務と税務コンプライアンス業務の両方を自動化することで効率的に運用している事例もある。たとえば、税務申告業務（税務コンプライアンス業務の一部）のうち、担当者が「ＰＣで帳票を手入力する」「印刷してチェックする」といった手作業を完全に自動化することにより、限られた専門人員をより高度な税務戦略の構築に当てている事例がある。他にも、世界各国の税務情報を集約し、Ｍ＆Ａにおける事業上最適なストラクチャーを提案し、案件成功の立役者としての機能を担った事例もある。

しかしながら、タックスエクセレントカンパニーにおいても、デジタル技術の活用はまだ初期段階にすぎない。では、これからデジタル技術の活用が進んだ先に、税務業務のどのような未来が見えてくるのか考察したいと思う。

第一に、タックスエクセレントカンパニーの取り組みが進化し、ＲＰＡやＡＩといったデジタル技術をさらに活用し、企業の税務データやナレッジを自動的に可視化させることが可能となり、税務データから企業の将来税務リスクを予見し、税務の予算化が可能となるだろう。

第二に、税務の専門知識のみならず、デジタル技術を熟知した人材の必要性が格段に高まることが予想される。たとえば、税務コンプライアンス業務における「申告」「移転価格文書化」「計算」といった、税務担当者による「判断」が必要な業務以外は完全に自動化され、税務ガバナンス業務における「グループ税務リスクの管理」「グループ各社の税務情報管理」といった収集作業についても自動化されることが予想される。このような自動化に向けた取り組みを前進させ、かつ、自動化された業務を遂行するためには、税務の専門知識だけではなくデジタル技術の専門知識をもった人材が必要となるだろう。

このように、企業の税務業務はタックスエクセレントカンパニーにけん引される形で、デジタル化への大きな変革期を迎えるだろう。税務コンプライアンス業務の自動化が進めば、会計システムから、必要な財務会計データが自動出力され、税務担当者は出力されたデータをもとに税務上の「判断」を行うだけでよく、税務申告書などに必要な帳票の作成まで自動で行うことができるようになる未来も近いと考える。

経理財務領域にも押し寄せるクラウド化の波

ここからは、デジタル化を支えるクラウド技術が経理財務業務にどのような変化をもたらし、これからどのような発展を遂げていくのかを考察していきたいと思う。

第1章で述べた通り、長い間、企業のビジネス活動の根幹をなしてきた会計システムは、セキュリティや機能面での懸念から社内サーバー上にオンプレミスで構築されてきた。

しかし、今日においてクラウドはスマートフォンのアプリや画像共有に代表されるように一般消費者への浸透のみならず、企業活動においても、いつでもどこでも利用できる利便性や導入の容易性から利用が一般的になってきている。現在はすでに「クラウドを選択するか／しないか」ではなく、「クラウド利用を前提に、どうやって業務やシステムを移行するか」を検討する時期にきている。

では、クラウド化によって、経理財務業務はどのように変わっていくのだろうか。クラウド型ＥＲＰは、「マルチテナント方式」と呼ばれる「１つのシステムに複数のユーザー企業が同居する方式」が多く採用されている。業務に合わせてシステムをカスタマイズする余地が少なく、機能拡張・追加機能開発の手段が極めて限定的なため、現状業務をクラウド型ＥＲＰの標準シナリオに合わせて変更する必要があるが、逆にそれを利点としてクラウド型ＥＲＰを導入することができれば、「業務プロセスの標準化」「オペレーション効率化」「コスト削減」により、グループガバナンス強化や組織のスリム化、俊敏性の向上をはかることができる。

すでにクラウド型ＥＲＰを導入している企業では、グローバルでの会計業務の標準化や経営情報のリアルタイム共有、会計システムを短期間で複数拠点へ同時導入するなど、クラウドならではの効果を享受している事例が増えてきている。

また、クラウド型ＥＲＰは財務会計システムだけでなく、ＢＩやＣＲＭ機能を取り込んだり、ワークフローと会計データの一元化による業務負荷軽減、モバイルからのアクセスやクラウド型ＥＲＰ単体でカバーできない機能も他のクラウドやＲＰＡ・ＡＩなどと接続したりすることで、経営管理機能の高度化や業務効率化・自動化、ペーパーレス化が大きく進展していく可能性がある。

さらに、個人事業主や中小企業向けにクラウド型会計サービスを提供している新興のフィンテック企業は、一歩先をいっている。たとえば、銀行の入出金情報をＷｅｂスクレイピング技術(3)を使うことで自動収集し、入出金仕訳を自動で計上し、取引明細から適切な勘定科目を提案するなどのサービスを提供している。さらに、入出金明細から財務状況や将来の資金繰りをＡＩが予測するなど、先進的な取り組みを始めている。銀行口座情報の収集については、２０１７年に銀行法改正法案が成立し、金融機関がＡＰＩ（アプリケーション・プログラミング・インターフェース）を公開することが義務づけられることになったため、フィンテック企業による顧客にとって利便性の高いサービス提供やキャッシュマネジメントの導入などの促進がますます期待される。

モバイルを活用したワークスタイル変革

クラウドの普及にともない、副次的効果として経理財務業務のモバイル化も進化しつつある。特に進んでいるのが従業員の経費精算業務である。クラウド型の経費精算システムを導入すれば、多くのメリットを享受できる。たとえば、タクシーや飲食代などの領収書をすき間時間にスキャンしクラウドにアップロードすることで、経費精算仕訳が自動で起票され、決められたタイミングで上司への承認プロセスを進めることができる。つまり、わざわざ出先からオフィスに戻って経費精算作業を行う手間や証憑を糊づけするなどの手間を省くことができ、また証憑の紛失リスク防止、リアルタイムにコスト状況を把握できるなどさまざまなメリットがある。

経費精算以外にも、スマートフォンやタブレットを従業員に配布し、出先からクラウドへのアクセスを可能とすることで、営業ツールや決裁プロセス、会議システムをモバイル化するなどの取り組みを進めている事例も最近は増えてきている。

今後、ますます日本企業においてクラウド化が進み、クラウド上にある顧客情報や売上・在庫データをもとに仕訳が自動生成され、経理・財務担当者は外出先でチェック・承認を実施するなど、オフィスの自席に座ることなく経理財務業務を実施できるようになり、これまでと異なる働き方が実現されていくことであろう。

ブロックチェーンが経理財務業務に与える影響

近年AIとともに注目を集めているのがブロックチェーンである。ブロックチェーンは2008年に暗号資産のビットコインの基礎技術として誕生し、今では活用の裾野が広がり、貿易

（3）Ｗｅｂサイトから情報を抽出するコンピュータソフトウェア技術のこと。

金融や食品・医薬品のトレーサビリティ、証券管理などさまざまな分野で実証実験や実用化が進められているのは第1章で述べた通りである。ブロックチェーンは将来的には企業のビジネスモデルや市場のあり方などを根本から変えていく可能性がある技術といわれているが、一方でまだ黎明期でもあり具体的にどのようなインパクトを企業に与えていくか、その全容が見えていないのも事実である。

このような状況の中、ブロックチェーンが経理財務業務に与える影響としてどのようなことが考えられるであろうか。われわれは主に2つあると考えている。

ひとつは、ブロックチェーンの元来の目的である暗号通貨を活用した資金の即時決済化である。暗号資産は、個人の決済手段として使われているビットコインなど金融機関の裏づけのないものが広く知られている。また、最近では米国のSNSプロバイダーがブロックチェーンの技術を使って暗号資産事業に参入することを発表し、各国の金融当局と調整を始めていると伝えられている。ドルやユーロなど法定通貨と国債を裏づけとして暗号資産を発行する方向でビットコインのような価格の急変動が引き起こされず、また27億人ともいわれるSNS利用者に提供されるとあって各国の金融機関を震撼させている。

一方、企業向けでは、同じく米国のIT企業がブロックチェーンの技術を活用したクロスボーダーの即時送金システムを構築し、国内のメガバンクでも独自の暗号資産を発行するなど、資金移動や資金決済の高速化が実現しつつある。

ここで、企業グループ内における資金移動や外部取引先への資金決済、その他為替変動に対するリスク管理などを効率化・高度化する仕組みである「トレジャリーマネジメントシステム（ＴＭＳ）」について、現状の実態について補足したい。

日本企業におけるトレジャリーマネジメントは、２０００年代から一部の大企業を中心に普及してきたが、高価かつ機能を使いこなすのが難しいというデメリットがあったため、広く普及していくことはなかった。しかし、２０１０年代に入ってクラウド型のＴＭＳが開発されると、大企業だけでなく中堅企業でも導入しやすくなってきた。しかし、資金管理を行うためには各拠点の銀行口座情報を取得することが必要となるが、銀行接続のためのデータ仕様の世界標準となっているＳＷＩＦＴ(4)との契約手続の負荷や手数料負担の大きさから導入を躊躇している企業も多い。

このような中、前述の米国企業が開発したブロックチェーンの技術を活用したクロスボーダーの即時送金システムや、各銀行が発行する暗号資産を利用することで安価に資金決済が実現できるようになってきており、今後も資金管理のあり方を変えていく可能性を大いに秘めている。

（4）　銀行間の国際金融取引に関してメッセージを通信回線を利用して伝送するネットワークシステム。

る。

また、2015年に世界の主要銀行が参加し、電子決済通貨（ユーティリティ・セトルメント・コイン）の開発プロジェクトが発足した。日本経済新聞によれば、日米欧の有力銀行など14社による共同出資会社を設立し、2020年末までに電子決済通貨を発行するという。

このように国際送金に関する覇権争いは激しさを増しているが、いずれにしても将来的に企業における資金管理のあり方を変えていくのは間違いない。クロスボーダーでの国際送金が即時に行われるようになれば、欧州、北米、アジアなどエリア単位でエリア統括会社を設け、エリアごとに資金管理を行っている現状から、本国親会社と各拠点の口座を直接つなぐことでリアルタイムにグローバル資金管理を行えるようになり、エリア統括会社を経由した資金管理や業務プロセス、そのための人材を省略することにもつながり、コスト削減も実現されていくことであろう。

もうひとつの目的は企業間取引への活用による情報の電子化と会計記帳のリアルタイム化である。ブロックチェーンは、「ブロック」と呼ばれるデータベースが連続して連結（チェーン）していることからその名がついたとされている。ブロックチェーンは、取引履歴の追跡が容易であり、「ブロック」が相互にデータを証明し合うことで、「ブロック」の一部を改ざんすると異常として認識されるため、改ざんが困難であることから、データの信頼性を担保することができる。他にも、分散してデータを管理するメリットもある。現在は中央集権的にサーバー上でデータを管理することが一般的であるが、サーバーは定期的な保守が必要な上、サーバーダウンやハッキングを受ける恐れがある。その点、分散してデータを相互に証明し合うブロックチェーンであれば、これらのリスクを避けることが可能となる。

少し前置きが長くなってしまったが、これらのブロックチェーンの特性を企業間取引に活用することでさまざまな効果を生み出すことが期待されている。

現在でも企業が仕入先や得意先と取引する際、企業間のシステムが連携されていないため、データを紙の請求書やファクス、メールでやり取りしつつ、相互に手作業で仕訳入力や受注処理などを行う業務がいまだに残っている。国境をまたぐ貿易取引になるとその業務量は膨大になり、多くの時間とコストを費やしている。

このような場合にブロックチェーンを活用し、データの原本性および正確性を担保することで、ペーパーレス化とデータのスムーズなやり取りを実現することができる。また、ブロックチェーン上で物品の出荷や検収記録を受けて、会計伝票を即時起票するなど、経理業務の自動化・リアルタイム化にも寄与することができる。月次でまとめて伝票起票するといったことがなくなり経理業務の平準化だけでなく、迅速な経営意思決定につなげることが期待される。

さらに、取引履歴はすべてのブロックチェーン上に記録されているため、さかのぼっていつ誰がどういった取引を行ったのかを追跡することができる。このトレーサビリティを確保することで、内部監査や外部監査の効率化も期待される。わざわざ往査に行かなくともブロックチェーン上の台帳を見れば取引の実在性が確認できるのである。

このようにブロックチェーンは、将来の経理財務業務のあり方を根本から変える可能性を秘めているが、実用化には越えなければならないハードルが多いのも事実である。ブロックチェーンでは複数の事業者間で情報を共有する仕組みであるため、他社を巻き込み、構想・実現していくためのリーダーシップを発揮できる企業の存在は必要不可欠となるだろう。

また、はじめからすべての取引にブロックチェーンを導入することはハードルが高いため、まずは部分的に導入していくことが現実的と考えられる。たとえば、同一企業グループ内における企業間取引にブロックチェーンを導入し、売り手と買い手との間で債権・債務を即時に一致させて決済の集約やネッティングを行ったり、連結決算におけるグループ間債権債務の消去を自動で行うなどの活用が目先の取り組みとして期待される。

4 インサイト＆アナリティクス

ここからは、Future of Finance のフレームワークの「③インサイト＆アナリティクス」について解説したい。

経営管理は未来を予測する時代へ

第1章でも述べた通り、破壊的テクノロジーは経営管理のあり方にも驚くべき革新を与えている。経営管理は企業経営の最も重要なファクターとなる経営意思決定を支える根幹であるが、その意思決定を導く経営管理が劇的に進化を遂げている。具体的にいうと、経営管理の領域に破壊的テクノロジーを用いることで、単なる過去のデータ分析だけではなく、これから起こり得る事象を的確にとらえ、それらに対し事前に適切な一手を打てるような経営分析が実現され、さらには、経営層にとっての真のビジネスパートナー、バリュークリエーターとなる時代が現実になりつつある、ということである。

それでは、経営管理は破壊的テクノロジーとどのような関係性を築き上げ、そして、どのように進化してきたのであろうか。まずは、その革新の道筋をたどりたい。

経営管理はもともと企業が経済活動の目標を達成するために、業績目標と実績とのギャップを可視化し、それらに対する施策を検討することを目的としてきた。そのため、経営管理の中心的議論は、過去の実績を通して「何が起きたか？（DESCRIPTIVE）」という過去の分析にフォーカスされる。たとえば、予算実績対比分析においては、集計機能、フィルター処理、集計値を一段階、または数段階細分化して表示するドリルダウンといった手法により、会社別損益管理、セグメント別損益管理、製品別損益管理、地域別損益管理、顧客別損益管理、またはそれらの組み合わせといった、さまざまな管理軸での損益管理が行われる。

その結果から自社にとっての強み、弱み、機会および脅威を分析（SWOT分析など）し、次のアクションとしてどのような対策を打つべきか議論がなされる。このような分析は、経営管理の基本ともいえる分析手法であり、多くの企業においても複数のシステム、またはエクセル、アクセス、BIなどのツールを駆使して、同様の経営管理手法がなされているのではないだろうか。

しかしながら、過去の実績をもとにした経営分析だけでは、変化の激しい現代において、次のアクションを生み出す能力、アクションの確からしさの拠り所となる規範性、納得感、およびスピード感に欠け、的確な経営判断を生み出すための情報を十分に提供しているとはいえない。

そこで、経営管理は、財務データ間、および非財務データを含めたデータ統合と結びついて、「何が起きたか？」から「なぜ起きたか？（ＤＩＡＧＮＯＳＴＩＣ）」へ進化していった。データ統合が実現することにより分析スピードは向上し、実績をもとにした分析から、因果関係分析へ発展を遂げていった。予算と実績といった財務データを使った因果関係分析はもちろんのこと、経営企画・製造販売データ、人員計画などの非財務情報を統合して業績を管理することにより、売上高と収益性差異との関係性など、構造化された因果関係分析が可能となる一方で、財務的要素分析だけではなく、マーケティング効果やサプライヤーの評価など非財務的要素分析も可能となっている。このように、別々に管理されているデータを統合させ、その統合されたデータをもとに実績分析と次のアクションを計画する手法は、「統合業績管理（Integrated Business Planning 略してＩＢＰ）」と呼ばれている。ＩＢＰは、膨大なデータを扱うことになるため、このレベルの経営管理を実現するためにはエクセル、アクセス、ＢＩなどのツールではもはや限界がある。そのため、多くの企業においてＥＰＭシステムの導入が実施されているのではないだろうか。実際、最近のＥＰＭシステムの中には、ＩＢＰが実現可能になることをアピールポイントとしている製品も少なくない。

ここで、ＩＢＰについて多少の補足をしたい。先に述べた通り、ＩＢＰとは、経営企画、製造計画、販売計画、調達、マーケティング計画、人員計画、および財務計画を統合し、その統合された計画から、項目間の因果間係や成長要因を見極め、経営判断とパフォーマンス向上に向けて最大限活用する手法といえる。

ＩＢＰを実現することで財務・非財務情報を統合した業績の発信と次の施策を明確にすることが可能となる。また、これまでコミュニケーションが難しかった経営層と販売、生産、物流などの業務部門は、ＩＢＰが実現することでお互いに容易に意思疎通をはかることができるようになる。たとえば、ＩＢＰを活用すれば、数量と金額、双方の予算および実績の共有が実現し、その結果として、好景気な場面のみならず、不況下においてもビジネスパフォーマンスを捻出するための継続的な戦略、および困難な事象に対応するための戦術を生み出すことが可能となる。

話を経営管理の進化に戻そう。破壊的テクノロジーによって、現在の経営管理は「なぜ起きたか？」から、「何が起きるか？（ＰＲＥＤＩＣＴＩＶＥ）」という予測管理の領域に進化を遂げている。ＥＲＰで実績集計を行い、ＢＩツールを駆使して情報を分析するといった実績管理をメインとした経営管理から、「次に何が起きるか？」といった予測分析を活用した見通し管理の高度化がはかられている。

しかし、予測分析に対して自信をもって満点回答ができる企業は多くないのではないだろうか。まだまだ担当者の「今まで培った経験と勘」に頼って、予算策定や予測管理を行っており、常に予算実績に乖離が生じており、その差異分析、または差異解消に多くの時間を割いているのではないであろうか。他方で、現代の変化の激しい経済環境において適切に経営上の意思決定を行うためには、ビッグデータの利用など広範囲な情報が求められる。しかし、点在する情報を集約しているため、おのずと意思決定に割ける時間は限定的にならざるを得ない。その中で、素早いマーケット変化に応じた精度の高い意思決定をするためには、経営管理プロセス全体の高速化と予測技術の活用が不可欠となるだろう。そこでＥＰＭシステムの必要性が格段に上昇するのだが、実際、ＥＰＭシステムにおいてはどのような予測技術が実現しているのであろうか。その予測技術の一例をご紹介したいと思う。

現在存在するＥＰＭシステムの中には、機械学習やデータマイニングに代表される技術を使って予測機能を充実させているものがある。このシステムを使用し、破壊的テクノロジーを利用した予測管理を行うとしよう。

この場合、まず、担当者は過去の実績データなどをテストデータとしてＥＰＭシステムに登録する。ＥＰＭシステムは、複数のテストデータを比較し、統計的手法、たとえばＡＲＩＭＡモデルなどを使いながら最適なモデルを抽出する。ＡＲＩＭＡモデルとは、日本語では「自己

図表２－４　予測値算出モデル

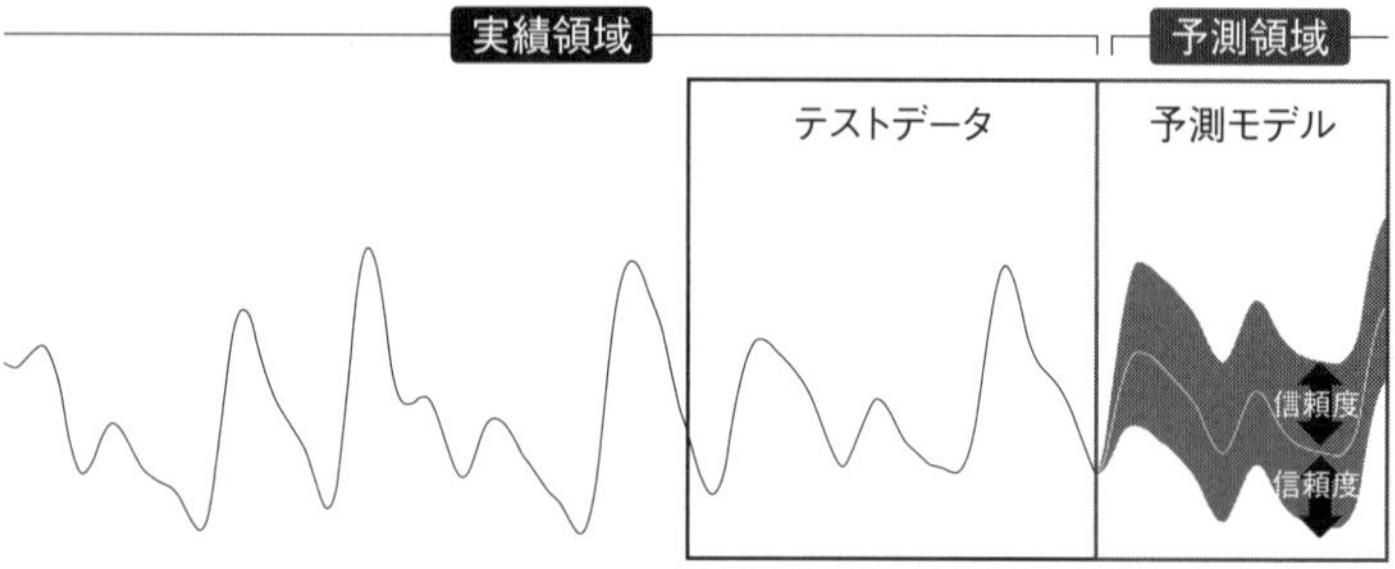

（出所）KPMGコンサルティング

回帰和分移動平均モデル」と呼ばれ、予測値は過去の実績値との関連性において決まるという自己回帰モデルと、予測値は過去の予測値と実績値の差額により決まるとする移動平均モデルの和分過程である。自己回帰モデル、移動平均モデルそれぞれ単独でも予測計算に利用することができるが、両者を合わせることでより精度の高い予測数値の算出が可能となる。そしてＥＰＭシステムは、モデル抽出と同時に、実績情報からの外れ値を自動検出、平準化をはかったのち、最適なモデルを、外れ値を考慮した上で修正し、最適な予測モデルが算出した結果を割り当てる。

ここで予測のモデル化が完成するわけであるが、この最適な予測モデルに対し、担当者がパラメータ設定する統計的信頼度（一般的には90％または、95％が採用される）を入力してシナリオに幅をもたせ、予測値を算出する（図表2―4）。また、最近では、単に企業内部で管理する内部データのみならず、後述する外部データの利用もＥＰＭシステムでは注目されている。たとえば、外部データを活用すれば、気温推移、各種イベントのプロモーション活動などを踏まえた上で、在庫切れを起こさないような最適在庫の見える化をすることができる。

さまざまな内部データ、および外部データを利用した分析データを即時に経営意思決定に活かすためには、前章でも触れているが、チャートやビジュアル要素を目で追うだけではなく、現実世界とデジタル世界を融合させ拡張現実の世界観をビジネスに活かす技術を利用して視覚的にとらえる手法も有効である。

その上、破壊的テクノロジーによる経営分析の進化は「何が起きるか？」という予測分析の領域にとどまらない。破壊的テクノロジーと意識改革が相まって、「何をすべきか？（ＰＲＥＳＣＲＩＰＴＩＶＥ）」という規範的な分析まで実現している。たとえば、ＡＩ、コグニティブ・コンピューティング、ビッグデータ分析を利用し、「何が起きたか？」「なぜ起きたか？」といった記述的分析と、「何が起きるか？」といった予測分析を複合し、より科学的なアルゴリズムを用いて、人間による分析をはるかに凌駕する精度での因果関係分析を行い、次にとるべき行動、仮説生成、高度な顧客市場分析や決定の提案までも行う経営分析の領域まで現実化している。このレベルでの経営分析を行うことで、経営管理担当者は、単なるスコアキーパーから、真の意味でのビジネスパートナーやバリュークリエーターとしての価値を創造すること

図表２－５　経営管理人材の進化

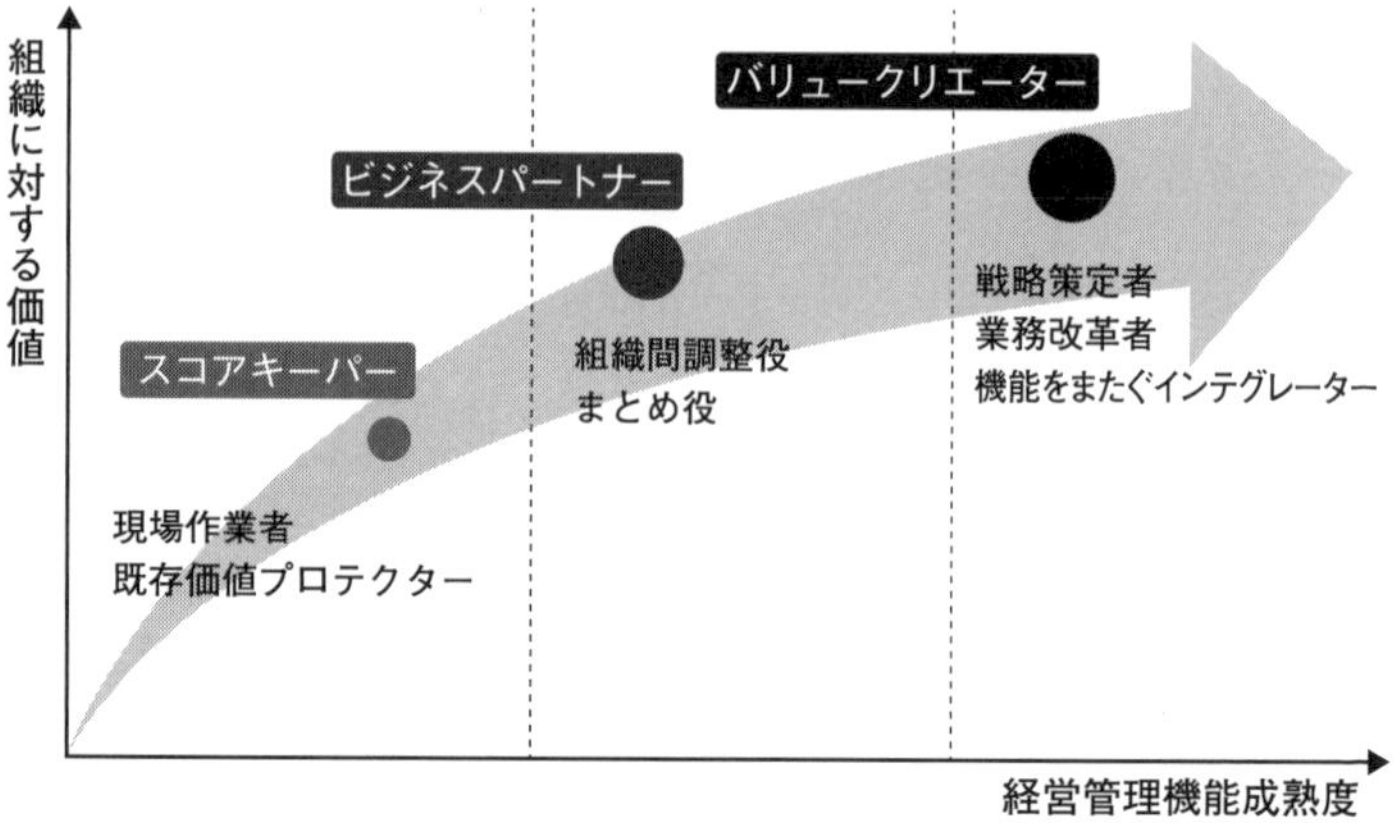

（出所）KPMG Smart Digital Finance

図表２－６　経営分析の進化

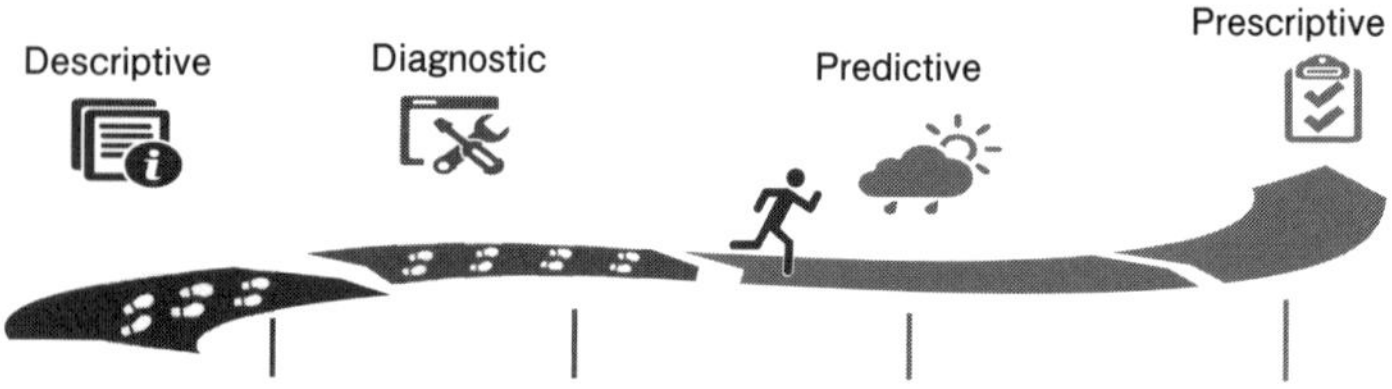

	何が起きたか？	なぜ起きたか？	何が起きるか？	何をすべきか？
例	週または月次での 品種・地域別売上	売上と収益性差異の 因果関係把握	多次元での 需給予測	収益と収益性の 戦略的シナリオ分析
技術	インメモリ コンピューティング	基本的な自己学習と 根本原因の分析	マシンラーニング 非構造データ処理	AI、Cognitive ビッグデータ分析
業務の変化	トランザクション 中心	過去実績の分析	予測分析	仮説生成、高度な 顧客と市場分析

（出所）KPMG Looking at the future of finance

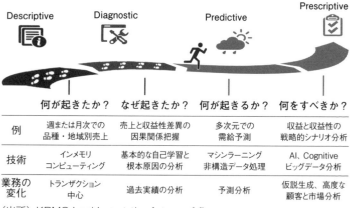

になる（図表2―5）。経営管理からビジネスパフォーマンスを向上する戦略提案、オペレーションデザイン構築をサポートするなど、コーポレート戦略や長期的経営ターゲットに対する先進的なインサイトを提供することが可能となり、最先端の企業はこのレベルに達しているといえよう。

破壊的テクノロジーの台頭は、経営管理そのもののあり方に変革を与え、「何が起きたか？」「なぜ起きたか？」といった伝統的な記述的分析から、「何が起きるのか？」、そして「何をすべきか？」といった、よりプロアクティブな企業行動を創出する最先端の経営管理を導いたといえよう（図表2―6）。

多様なデータを活用したこれからの意思決定

最近では、経営管理にＥＰＭシステムを利用している企業が急激に増えている。その背景には、エクセルやアクセス、ＢＩなどのツールを用いた経営管理は限界を迎えつつあるという事実がある。エクセルなどの計算ソフトによる経営管理の主な弊害は、総じて非効率性にあるといえよう。目視でのチェック、バージョンの異なる、または重複するファイルやデータの混在、マニュアル作業による資料作成など、データの正確性および即時性がほとんど担保されずに関連データの収集および分析を行うため、多くの人的リソースが非効率業務に割かれ、本来、ビジネスパートナー、バリュークリエーターとして実施すべき経営意思決定へのサポートに時間を費やすことができていない。この問題に対処するためにＥＰＭシステムを導入する企業が増えている。

ＥＰＭシステムは、統一されたデータ入力フォーマット、およびＥＲＰなど他システムとのリアルタイム自動連係によって内部データ収集が行われ、データの一元化がはかられており、常に最新のデータが保管されている。保管されたデータを使用して、さまざまなシナリオおよび計画バージョンに基づいた配賦計算や連結処理を自動で実行することが可能である。処理された結果は、財務計画プロセスと業務プロセスとの間で相互関係を保ちながらドリルダウン、ドリルスルーなどの分析および部署間で連携され、ＩＢＰが達成される。

また、ワークフローによる進捗管理、アクセス統制などセキュリティの面、またはトレーサビリティといった監査の観点でも優れている。さらにハードディスクを使わずにすべてのデータをメモリ上にもつインメモリーコンピューティングと組み合わせることで、従来では考えられなかった劇的なパフォーマンスを実現することも可能である。ＫＰＭＧの経験においても、ＥＰＭシステムとインメモリーコンピューティングを組み合わせることで、従来比60％以上の計算時間削減を達成した事例もある。これらＥＰＭシステムの特徴は、必ずしも最先端の経営分析を実現させている企業のみならず、伝統的な記述的分析を中心とする経営分析を行っている企業にとっても十分に魅力的な破壊的テクノロジーであるといえる。

他方で、財務データ、販売計画、在庫情報など、企業内部に存在するデータを利用した経営管理のみならず、最近では、マーケットデータや経済指標など外部データを融合させて意思決定をサポートする経営分析手法も台頭してきている。たとえば、人口推移を利用した売上成長分析、イベント滞在時間を加味した販売数量分析などがある。経済環境の変化が激しく、消費者行動が多様化している現代において、純粋に企業内部に存在している財務情報、または非財務情報に限定した経営分析だけでは次のアクションを生み出すための経営分析としては不十分であり、より最適な意思決定を導くためには、マーケット情報などの外部データを利用することが不可欠である。

自社の商製品を販売するにあたっては、一定のターゲット層を意識しているのが通常である。たとえば、分譲マンションの購買層は、30代のファミリー層が中心であるのではないかと考えるが、そのデータから分譲マンション販売会社の販売戦略および販売計画は、おのずと30代のファミリー層を中心として立てられる。

しかし、日本国内の総人口は減少傾向にあり、また、高齢化も今後加速的に進んでいくことが見込まれている。人口推移を加味し、予測分析をした場合、30代のファミリー層だけではなく、たとえば、単身高齢者向け、またはＤＩＮＫＳ向けの分譲マンションに対する意思決定の重要性が増すのは明らかであろう。このような経営分析は、現状、多くの企業においてエクセルをはじめとする計算ソフトを駆使して実行されていると考えられるが、先述のＥＰＭシステムと融合することで、さまざまなシナリオに基づいたシミュレーションを自動的に実行することが可能となる。また、イベント滞在時間を加味した販売数量分析では、たとえば、飲料会社の製品について、販売促進イベント、スポーツイベント、祝日イベントごとに、スマートフォンの位置情報から顧客の行動パターンをデータ化した行動パターン、および顧客の滞在時間の統計実績データを蓄積および利用して、どの飲料の製造販売に資源を投入すべきという意思決定を支える経営分析を行うことも可能である。

経営分析に使われる外部データは、オープンデータ、またはオルタナティブデータと呼ばれる。たとえば前述の人口推移データはオープンデータであり、イベント滞在時間データはオルタナティブデータである。オープンデータは、政府、自治体、公共機関などが保持している一般公開情報であり、インターネットを通じて誰もが無料でアクセス、ダウンロードが可能である。また、自由に再利用、再配布が可能であることも特徴である。人口推移データのほかに、世帯別人員構成、気温推移などが該当する。他方、オルタナティブデータは、ニュース報道や企業が開示しない情報であり、ソーシャルメディアのコメント、駐車場の運搬車両の出入り実績など、通常は収集対象とならない、または収集の難易度が高いデータをデータ収集専門会社

図表2－7　オープンデータとオルタナティブデータ

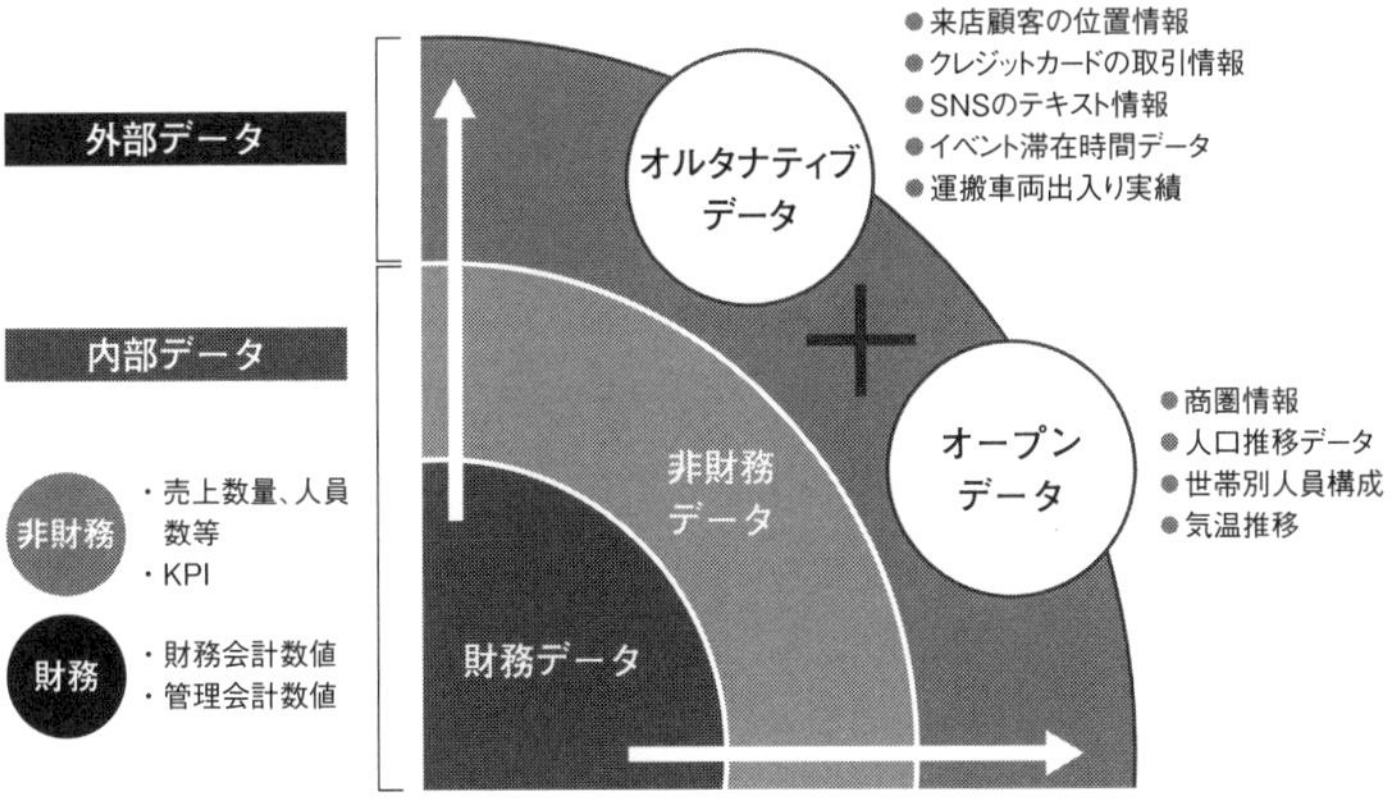

（出所）KPMGコンサルティング

が有償でビッグデータとして蓄積し、分析および加工したデータである（図表2―7）。たとえば、利用規約の承諾を得た顧客の店舗来店記録や行動パターンを蓄積し、顧客の属性や好みに近い広告を配信するための行動ターゲティングデータや顧客の位置情報を活用するジオターゲティングデータがある。

破壊的テクノロジーを利用することで、従来、点在していた貴重なデータを一元管理することができ、その一元管理されたデータを使って、オペレーション領域も含めた幅広い経営管理の見通しを立てることが可能となる。また、オープンデータやオルタナティブデータを経営分析に取り入れることによって、従来、企業内部のデータのみに頼った経営分析から、新しいＫＰＩの創出、精度の高い予測分析を通じて、真の意味での意思決定サポート情報の迅速な提供が可能となる。

5 組織の簡素化

次に、「組織の簡素化」をテーマに、現状とこれからについて解説したい。ＫＰＭＧが考えるデジタル時代における経理財務組織への影響は大きく分けて３つあると考える。

ひとつ目は経理財務業務へのデジタル技術導入による役割の変化。２つ目は、デジタルビジネスへ参入した企業のＣＦＯをはじめとする経理財務部門の職務の変化。３つ目は、労働環境のデジタル化による組織構造の変化である。ここからは、３つの視点で考察していきたい。

デジタル時代の経理財務組織の役割

２０１３年、ある衝撃的なニュースが話題になった。オックスフォード大学で人工知能の研究を行うマイケル・Ａ・オズボーン博士によると、簿記・会計・監査事務の仕事は、今後10年から20年の間に98％の確率でコンピュータ技術によって自動化される、というものだった。たしかに、経理財務領域は、パターン化された業務が多く、業務プロセスにＡＩやＲＰＡを組み込むことができれば、経費精算、買掛金の仕訳記帳、売掛金の消込業務、財務諸表や決算書の作成など、いわゆる手順通りに進められる業務は自動的に処理できる可能性が高い。ＡＩやＲＰＡの進化を見る限り、今後経理財務業務の自動化がさらに進むことは必然であろう。また、経理財務業務の自動化は、作業速度と品質を向上させ、さらにはコスト削減までも見込めるため、より一層自動化が加速するだろう。

博士がこの提言を発表したのは２０１３年であったが、10年から20年以内に98％の業務が自動化されるという予測が正しいとすると、現在どの程度の自動化が進んでいるだろうか。図表２―８をご覧いただきたい。最短の10年以内で98％の自動化を達成する場合、２０１９年時点で約60％、最長の20年以内の場合は約30％が自動化されていることになる。もちろん、２０１３年時点で自動化０％としている点や、自動化が直線的に進むと仮定している点で、誤差はあるのだが、読者のみなさんが働かれている会社の自動化は60％と30％のどちらの数値に近いだろうか。おそらく、後者ではないだろうか。

ＡＩやＲＰＡという新しい技術をはじめて知ると、まるで自分の知らない時代が突然やってきたように感じてしまうのだが、現在のＡＩの精度は世間が想像するほど高くはないこと、そして、マニュアル通りの細々とした業務がすべてＡＩやＲＰＡに置き換わるまでは、まだ時間

図表2－8　オズボーン博士が提唱したデジタル化スピード

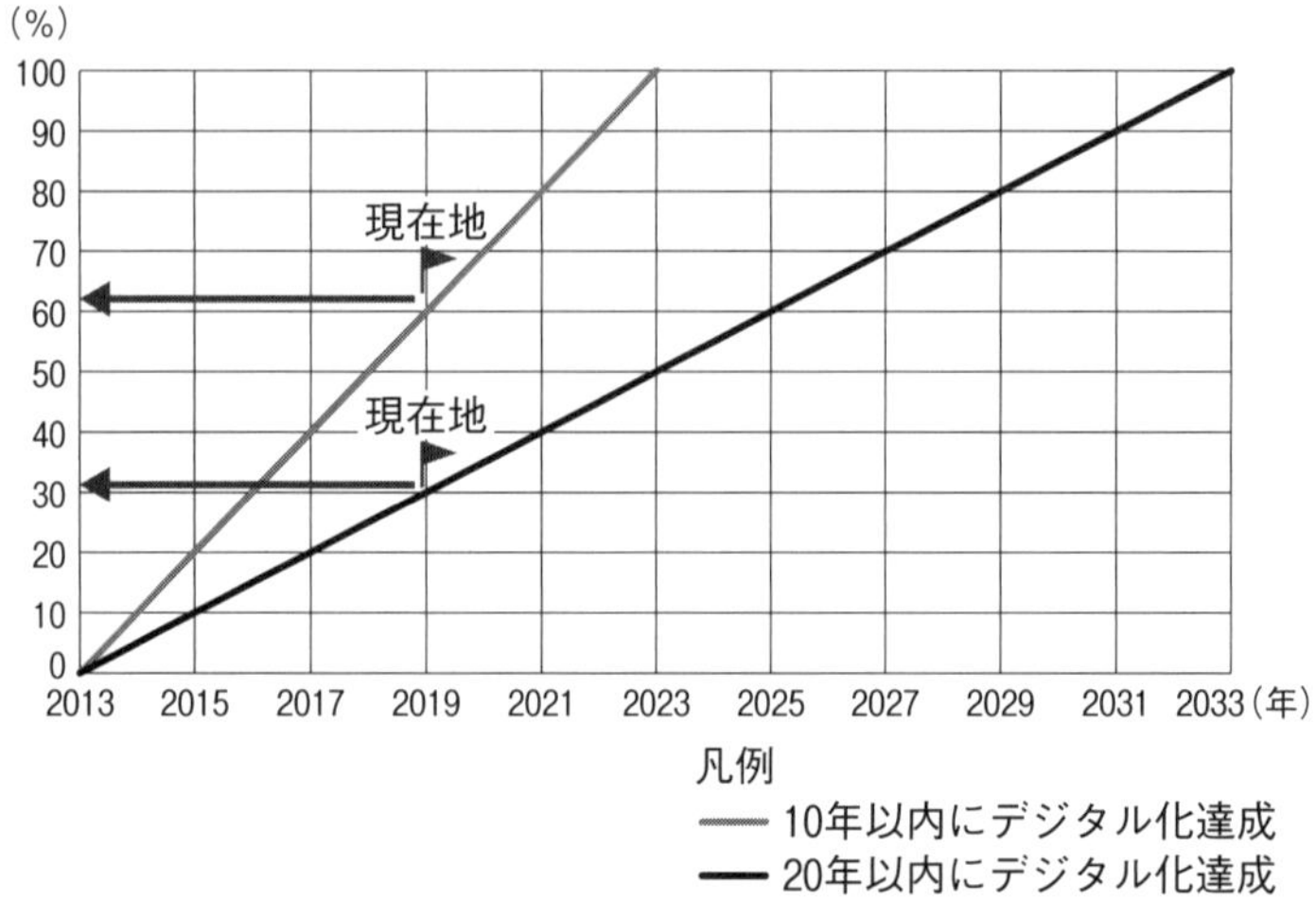

(出所) KPMGコンサルティング

がかかるということなのだ。つまり、完全ＡＩ化・自動化に向けた過渡期といえる。

そのような複雑な状況下で、経理財務組織はこれからどのような役割を果たしていけばよいのだろうか。

まずは、現在根強く残るアナログ業務をＡＩやＲＰＡに置き換えるために業務設計をし、機械的に業務を行うことができるようにする必要がある。そして、ＡＩやＲＰＡに業務を習得させた後、想定通りの処理結果を示さなかった場合は、設定変更や修正を行い、業務の精度を高めていくことが必要である。つまり、デジタル化が進むこれからの経理財務組織は、ツールを用いた経理財務の業務モデルを策定し、ＡＩやＲＰＡを管理することが役割のひとつになる。

一方で、ＡＩやＲＰＡではできない、新しいアイデアや取り組みを考え、組織に貢献する業務もまたデジタル化時代において重要な仕事になることを忘れてはならない。そういった業務は、目的だけが定義され、そのためにどのような業務を行うか自ら考察しながら進めなければならないものであり、人が人として働くことの根幹をなすものだからだ。これからの経理財務組織には、ＡＩなどの技術を駆使し、戦略的意思決定に役立つ分析を行い、日々変化する経営環境下での機会やリスクを洞察し、適切なタイミングで経営層へ提言を行うという高度な役割が求められる。

さらに、デジタル化が進むことで、経理財務組織に新たに必要とされる役割も考えられる。たとえば、不正検知業務である。通常、企業内部の不正の抑止と管理は監査部門が担うが、監査部門があらゆる業務を細かくチェックすることは不可能である。しかし、経理財務組織のデジタル化が進めば、分析ツールが全取引を網羅的にチェックすることが可能になる。不正検知ツールは、一定期間の取引履歴から行動パターンを勘案し、異常値や取引傾向を把握しスコア化する仕組みで、取引明細から効率的に不正処理を発見できる。経理財務組織のデジタル化が進歩すれば、企業内部の活動に常に目を光らせることができ、プロセスオーナーとしての役割を果たせる。データという確実な事実を押さえることで、監査に対する貢献だけでなく、会社全体のガバナンス強化につながる一役を担うことになる。まさに、先に触れた破壊的テクノロジーを活用した新たな経理財務組織の姿といえる。

デジタル化時代の経理財務組織は、反復継続的に発生する処理は自動化され、高度な経営センスとさまざまなデジタルテクノロジーに精通した少数精鋭部隊になることが予想される。また、少数精鋭部隊を形成する上で今後補強すべき組織要件のひとつは、意思決定の局面において、ビッグデータを駆使し統計解析を用い、価値を生み出すことのできるデータサイエンティストとしてのスキルといえる。

ＣＦＯをはじめとする経理財務部門の職務の変化

デジタル技術を駆使して新たなビジネス領域に参入する傾向は、昨今多くの業界で見られている。さまざまな企業でデジタルトランスフォーメーションを掲げた取り組みが活発化している。前述の通り、デジタルトランスフォーメーションとは、企業がビジネス環境の変化に対し、データとデジタル技術を活用し、顧客や市場ニーズをとらえ、製品やサービス、ビジネスモデルを変革することである。プロセス、組織、文化そのものの変革も含め、競争優位性を確立することを目指す動きである。

デジタル技術を取り入れてビジネスを変革した企業の組織体制は、経理財務、事業部門、情報システム部門といったそれぞれの組織が状況に応じ連携する今までのスタイルとは相異なる。

部門がシームレスにひとつのチームとなり、事業の計画から実行までを担う必要があり、フロント・ミドル・バックオフィスが統合した新しい組織体制への変貌を余儀なくされる。

統合した組織では、コアコンピテンシーをもちつつ、経理財務、業界知識、情報システム、プロジェクト管理など複合的な能力が求められるようになる。そしてまた企業の意思決定の参謀役を担うＣＦＯもデジタルビジネスを取り巻く状況を正しく見極め、ビジネスの根幹となるデジタル技術について理解した上、事業部門を支えていく必要がある。これからのＣＦＯをはじめとする経理財務組織は、事業のデジタル化をけん引し、企業価値を創造するための戦略的役割が期待される。経理財務組織が行っていた会計や業績数値のみならず、今後は、市場や事業に密接にかかわる多種多様なデータの分析を行い、集積されたデータからビジネスの文脈やストーリーを読み取り、迅速に事業部門へ伝達する能力が要求されるようになるだろう。

たとえば、顧客や販売データの分析は今まで営業部門やマーケティング部門で実施されてきた。デジタル化社会において肥大化する情報を集積し、多様化する顧客ニーズにタイムリーに応え、事業運営を適切に導くには、需要に関する数量データのみならず、商品やサービスの価値、目標となる利益や効果、事業投資の採算性を財務分析の視点でとらえシミュレーションするスキルが要求される。もちろん、営業部門やマーケティング部門で高度な分析を行うことは不可能ではないのだが、デジタル化により経理財務組織で会社全体の活動を把握できるようになれば、顧客とのかかわりの強い営業部門やマーケティング部門といったフロント業務に対しても、経営的なアドバイスを行うことができるようになるだろう。

近年では、ソーシャルネットワークを始めとする新たなデジタル技術が登場し、顧客やマーケットニーズを速やかに把握することができ、営業活動や商品開発から経理財務までのプロセスもよりスピーディに連携される。そのため、クライアントニーズに応える価格設計や業務モデル策定についても関与していく必要があるだろう。また、不確実性の高い新興国のマーケット情報もＳＮＳなどで容易に入手ができ、市場環境の変化に応じた資源配分の考察や、判断のための新たな評価基準の構築が経理財務組織としてより不可欠な役割となる。

従来から業績予測や財務視点での分析業務は経理財務組織の役割として存在していたが、フロント、ミドル、バックオフィスを横断し、より戦略的に市場トレンドを洞察した上、経営における重要数値を提言できるビジネスパートナーの役割がより期待される。さらに、ＣＦＯをはじめとする経営者との接点が多い経理財務組織は、柔軟な考えをもちつつ、他部門のリーダーと協調する高度なコミュニケーションスキルも重要になる。ビジネスに対する深い理解や仮説思考力、問題解決力をベースとし、組織間の調整やコミュニケーションをはかるビジネスアナリストとしての役割も求められるであろう。

労働環境の変化

第2章では、ＡＩやＲＰＡによって、経理財務業務の自動化の時代が到来し、今後の経理財務組織に求められる役割が変化することをお話ししているが、ここからは、デジタル化が進んだ将来、経理財務組織はどのような働き方をすることになるかを説明したい。

ブロックチェーンやＡＩといった破壊的テクノロジーによるイノベーションが次々と登場している現代において、テクノロジーが発展するスピードに適応し、ビジネスを推進し続けるためには、多様で高度なスキルを身につけた人材の確保が必要となる。しかし、経理財務の知識のみならず、専門知識を備えたエンジニアやデータサイエンティストのような人材は不足しているのが現状である。

この人材不足を緩和するためには、ＡＩやフィンテック、ディープラーニング技術を活用し、革新的な業務変革を行う有望なスタートアップ企業やベンチャー企業と積極的にパートナーシップやコラボレーションすることも一案として考えていく必要が出てくるだろう。またＡＩ技術をクラウドサービスで提供する企業も出現しており、経理財務業務の担い手は必ずしも自社とは限らず、クラウドソーサーやパートナー会社が行う未来もあるかもしれない。

デジタル技術はクラウドソーサーなども含めたバーチャル組織を構築し、こうしたコラボレーションネットワークは、効率的な情報入手、デジタル技術の高度な分析と活用を可能とする。

また、近年の働き方改革により、テレワークや、会社に決まった席をもたないフリーアドレス、サテライトオフィスなど働く場所の多様化とともに、企業における労働環境のツールも日々進歩している。以前から電話やテレビ会議ツール、チャットなどは存在していたが、現在はより柔軟な働き方が浸透し、多種多様なデバイスを使ってＷｅｂ会議に参加でき、さまざまな形式のファイルがクラウド上で共有可能となり、複数の企業が会社の壁を越え協業することも以前に比べて格段に増えている。

たとえば、データをクラウド上で保持し、分析ツールと組み合せて利用することで、いつでもどこでもリアルタイムにデータにアクセスし、情報共有が可能となるだろう。また財務レポートは、ダッシュボードを経由し、電子フォーマットでモバイル機器から閲覧することも可能となる。こういったツールの進歩は、国内にとどまらず、標準化されたグローバルオペレーションの実現を後押しすることになるだろう。

海外拠点の事業運営は、今まで各拠点に任せる傾向が強かったが、グローバルで共通の業務が可能となれば、本社でタイムリーに各国の会計情報が把握でき、法令、税制、会計基準、通貨が異なる各国の会計データやプロセスを集約化することで、グローバルに統合された運営が可能となるだろう。

このように、さまざまな局面で破壊的にテクノロジーが進化し、それらを駆使することや企業間のパートナーシップによって、国境を超えたバーチャルな組織が実現可能となる。そして、地域固有業務は大幅に削減され、今まで地域別にせざるを得なかった業務自体が激減していくかもしれない。

未来の経理財務組織の姿とは

ここまでお話ししてきた、デジタル化が進んだ経理財務組織に与える３つの影響を考慮しながら、これからの経理財務組織の姿をまとめると、どのような未来が見えてくるだろうか。

前述の通り、単純オペレーションが手元から離れることで、より高度な分析業務に注力することになる。さらに破壊的テクノロジーにより、営業部門やマーケティング部門との組織ミッションの垣根が取り払われ、経理財務組織がビジネスパートナーやビジネスアナリストの役割を担うことになる。このように、経理財務組織の役割が変化していくことで少数精鋭化され、組織階層はよりフラットになっていくことが予想される（図表２―９）。

すでに、海外を中心にホラクラシー型組織体系が注目されている。ホラクラシー型組織とは、部長・課長などの組織管理者が存在する従来のヒエラルキーを撤廃し、各人が自主的に動くフラットな組織である。従来の階層型組織では、管理者の指揮下で企業の経営や戦略、売上目標

図表２－９　次世代ファイナンスにおける業務割合

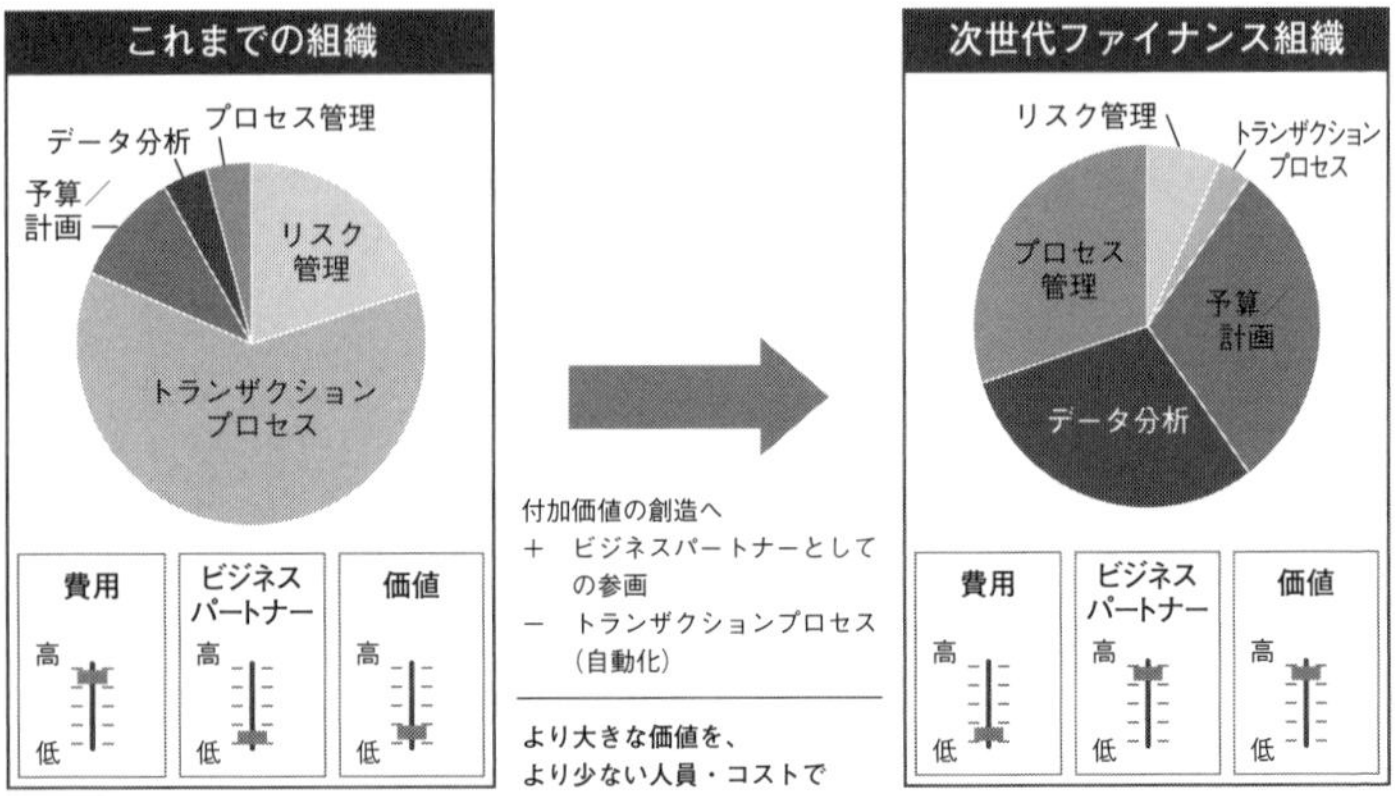

（出所）KPMGコンサルティング

が制定され、その目的を達するために、階層ごとに数値目標が与えられる。各階層に管理者が存在するため果たすべき役割が細分化され、目的の浸透や実現に時間がかかってしまう。

デジタル時代の企業経営では、スピーディな意思決定と高い生産効率が求められるため、経理財務組織も、フロント・ミドル・バックオフィスを横断的に見渡すスキルが求められる。海外を中心に浸透しつつあるホラクラシー型組織が、日本でも同様の広がりを見せるかどうかは未知数であるが、ＣＦＯを中心とする、よりフラットで主体性を重んじた組織へと向かうことは不可避であろう。

社会が常に変化をしているのと同様に、人々の意識や価値観も変化している。そのため、旧態依然たる組織は未来永劫には続かない。企業も時代の変化に応じて、常に変わり続ける必要があるのは当然のことである。日々進化を遂げる破壊的テクノロジーに順応するため、常にトレンドや潮流を察し、変革に向き合える人材を確保し、未来を見据えた人材教育を実施することで、組織力の向上と競争力の強化が可能になる。

6 スキル＆タレントマネジメント

ここまで、組織全体をテーマに考察してきたが、ここからは、経理財務組織を構成する「人」に焦点を当ててみたいと思う。

ＫＰＭＧの調査では95％のＣＥＯは「破壊的テクノロジーの台頭は自社にとって脅威ではなく機会である」と回答をしている一方で、47％は「自社のビジネスが新しいテクノロジーのスピードについていけるのか懸念をもっている」とも回答している。

これまで定型業務の効率化や生産性向上の一環としてシェアードサービス化や自動化に着手している企業も少なくないが、破壊的テクノロジーはこれまでの改善の延長ではなく、経理財務部門に必要なスキルをも大きく変えようとしている。

次世代の経理財務に必要なスキルセットとは

これまで第2章を通して、テクノロジーの活用により経理財務部門に求められる役割は、財務諸表の作成や予算管理など経営指標を管理する役割からビッグデータを駆使して深い洞察力を発揮する役割へと大きく変貌を遂げなくてはならない、と解説してきた。そのためには、広い視点でビジネスモデルを見直し、そうした役割を担うだけのスキルフルな集団に躍進を遂げる必要がある。

またブロックチェーン、RPAやAIなど、新たなデジタル技術は進化し続けており、こうしたテクノロジーを使いこなせる知識やスキルも必要不可欠である。

一方で経理財務部門の1人ひとりがすべてのスキルを保持することは不可能に近いため、今後は経理財務部門全体で互いに不足するスキルを補完しながら役割や責務を果たすことが重要となる。では、具体的にどのようなスキルが必要になるのだろうか。

KPMGが提唱するフレームワークでは、スキルフルな集団は、①デザイナー、②プロジェクトマネージャー、③ユーザーの3つの役割から構成される。ここで、図表2―10をご覧いただきたい。これは、将来の経理財務部門における3つの役割が、どのような関係性にあるかを

図表２－10　スキルフルな集団のフレームワーク

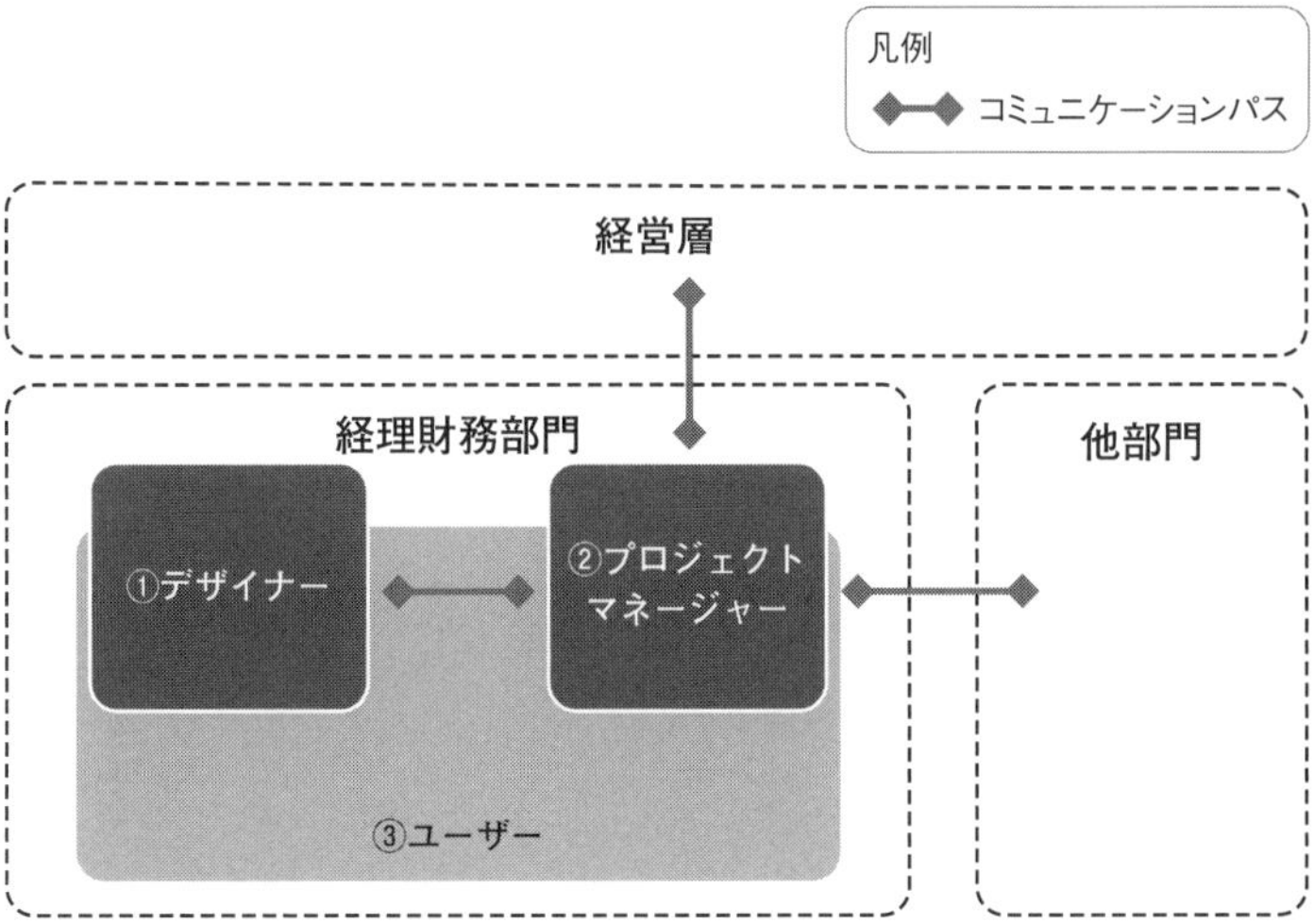

（出所）KPMGコンサルティング

表したものである。ここからは、この図をもとに、３つの役割に求められる役割やスキルを詳しく解説していきたい。

デザイナー

デザイナーとは、経理財務業務における知見を駆使した分析やアドバイス、プロセスデザインや変革、新たな規制やルールに対して自社のビジネスモデルの変更や業務プロセスの見直しを企画する役割である。つまり、デザイナーとは、経営課題に対して、次にどのようなアクションをとるべきかの大方針を示す役割でもある。そのため、日々の業務を滞りなく進めるために、ＲＰＡやＡＩが異常値としたデータを調査し解決する、といった業務は主な役割には含まれない。

たとえば、デザイナーが経営課題を発見し、課題解決に向けて企画の立案に着手したとしよう。企画を立案している段階でデザイナーが深くかかわるのはプロジェクトマネージャーである。デザイナーは、経営課題に対する大方針を決めるだけでなく、経営課題を解決するため実行力のある企画にしていかなくてはならないため、企画を実行する役割を担うプロジェクトマネージャーの協力が不可欠となる。デザイナーが立案した企画が、ＣＦＯをはじめとする経営層の承認を得た後は、企画を推進するプロジェクトマネージャーに主導権が移り、デザイナーは企画を見守る側にまわる。

このように、デザイナーは、経営課題に気づく能力だけでなく、時代の潮流を読み、次のアクションを形にできる企画力とコミュニケーション能力が重要となる。また、デザイナーは経理財務の日常業務には深く関与しないものの、基礎スキルとして経理財務業務の知識は必須である。加えて、ＲＰＡやＡＩといったデジタル技術の知見も必要不可欠となり、デザイナーは俯瞰的な視点をもち、業務だけでなくデジタル技術にも精通していることが重要である。以上をまとめると、デザイナーに必要とされるスキルセットは次のようになる。

①経営課題を抽出できる能力

・課題の本質に気づき、スピーディかつ正確に課題解決への道筋を描くことができる力
・自社のビジネスモデルを熟知し競争優位性や付加価値を追求する力

②戦略的思考力・行動力・企画力

・複雑かつ広範囲なデータを分析し、スピーディに仮説立案・検証を遂行することができる能力
・必要な情報にアクセスするためのリサーチ能力
・必要な情報を峻別し、これから取り組むべきアクションに落とし込む論理構成力と企画力
・不確実な状況に対処する能力

③デジタル技術に関する高い知見

・デジタルの要素技術やシステムの仕組みに関する知見
・数字や統計、アナリティクス、機械学習、プログラミングなどの知識や経験をもつこと

④業務インパクトを洞察する能力

・経理財務業務の知見をもつこと
・期待効果や影響を見極める能力

⑤第三者に伝えるための表現力

・高いコミュニケーション能力
・相手が理解しやすい形で物事を伝える能力

プロジェクトマネージャー

プロジェクトマネージャーとは、デザイナーが立案した企画を評価し、どのように実行するか計画し、企画の推進と管理を行う役割である。プロジェクトマネージャーも、デザイナーと同様、日常業務ではなく企画を推進することが主な役割となる。企画を推進させるためには、どのような計画で進めるべきか、計画通りに進めるためには誰の協力が必要で障害はどこにあるのか、計画通りに企画が進行できているか、といった全体を把握する能力が非常に大切になる。企画を推進するにあたっては、チームを組織する必要があり、人材管理も大切な役割のひとつになる。以上の内容をまとめると、プロジェクトマネージャーに求められるスキルは次のようになる。

①幅広い業務知見

・経理財務業務に限らず、他部門の業務の知見をもつこと

・企画を推進するにあたっての各部門への影響を見極める力
・経理財務業務について十分理解していること

②マネジメントスキル
・チームを組織してまとめあげる力
・企画の特徴やチームメンバーそれぞれの強みを把握し、シナジー効果を生み出せる体制を構築する力

③意思決定力
・プロジェクトの方向性に示唆を与え、前進させる力

④ステークホルダーとの関係構築能力
・関係部門、経営層をはじめとするステークホルダーの立場や役割を理解し、協力を得るための関係構築力

⑤論理的思考と調整能力
・実現すべきゴールや目標に向けて人を動かせる力
・課題に対して建設的かつ論理的に議論を進められる力
・実現すべきゴールに導くファシリテーション力

ユーザー

ユーザーとは、経理財務部門に属するすべての人を指し、この中からデザイナーやプロジェクトマネージャーを決定する。ユーザーは、経理財務の日常業務を担当し、それぞれのユーザーが担当領域をもちつつ、互いに不足している領域やスキルを補いながら、フラットな関係を保つ。

ユーザーに求められるスキルは、経理財務の組織や業務がどのように機能し合っているか、といった全体像を把握する力の重要度が高くなる。一方で、ＲＰＡやＡＩといったデジタル技術により、勘定科目や品目の判断などの業務は自動化が進み、会計の深い知識の重要性は下がる。

また、デジタル技術を使いこなす能力やデータサイエンスのスキルは、これまで経理財務で求められていなかったが、今後はこのようなスキルをもつ人材の確保は重要になってくる。現在、デジタルの知見をもつ人材がいないケースも多いだろうが、テクノロジーは日々進化しており、今後も新たな技術が次々に発表されるだろう。こうした環境においては、特別な技術力や知識をもつことは大切ではあるが、変化に柔軟に対応し、積極的に新しい技術を学ぶ姿勢を重要視することで、今後、経理財務組織に求められるデータサイエンティストとしての役割を担うことができるだろう。

他にも、第2章で解説してきた経理財務組織に求められる役割などをもとに、ユーザーに求められるスキルセットは、次のようになる。

①経営的視点と業務の理解

・経営的な課題に気づく力

・仮説思考力や論理的思考力

・経理財務の業務全体の流れを把握する力

②新技術の専門知識

・クラウド、ロボティクス、ＡＩ、ブロックチェーンといったデジタル技術を使いこなす力

③数字やデータの読解力

・数値やデータを分析し、経営的意思決定につながる示唆を与えるデータサイエンティストとしてのスキル習得

④柔軟に知識を吸収するマインド

・変化に柔軟に対応する力

・新しい技術を学ぼうとする姿勢

図表2－11　外部人材の登用で知識・経験を深める

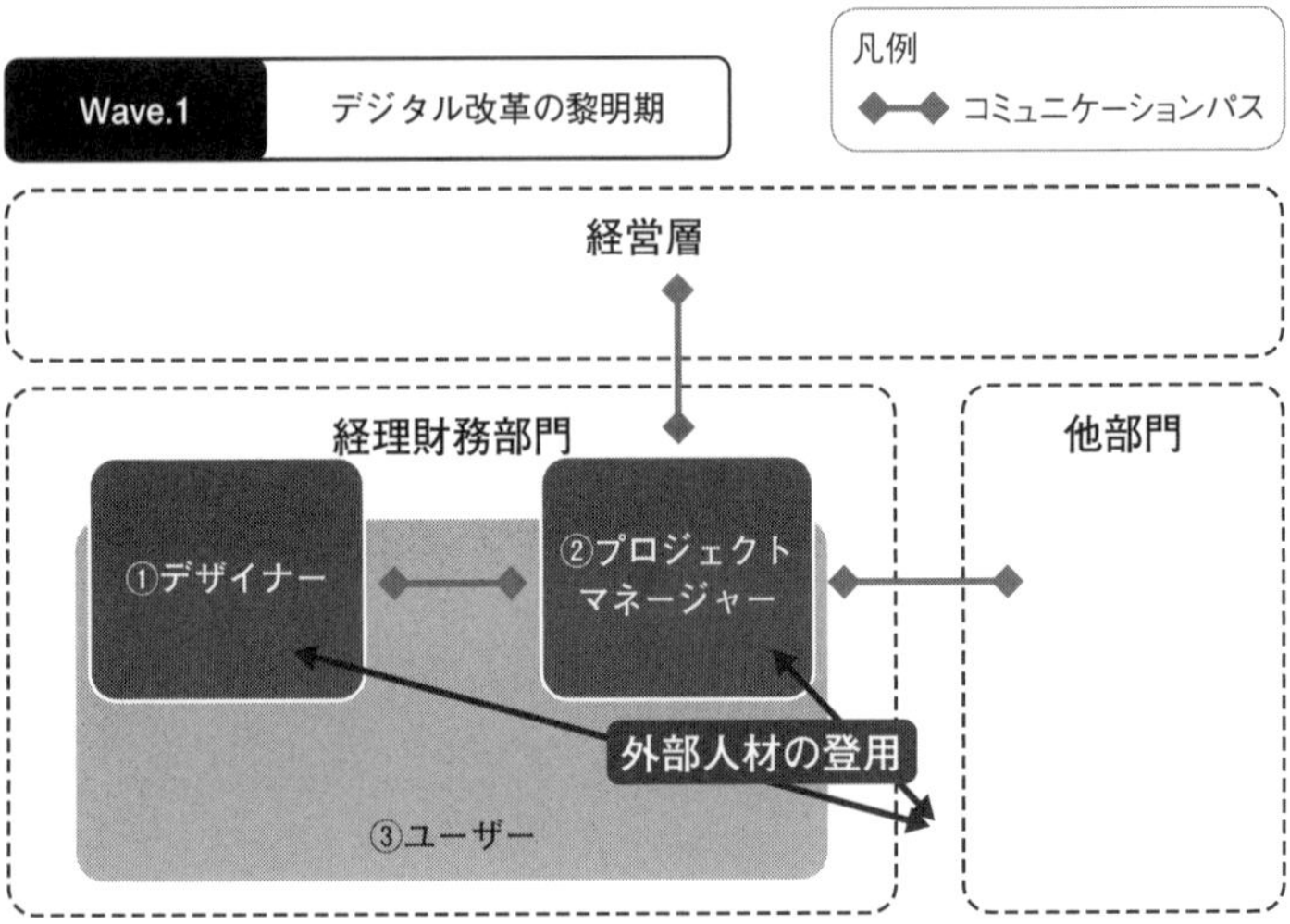

（出所）KPMGコンサルティング

⑤コミュニケーション力

・シームレスな組織で協力して課題解決を進めることができる調整力

ここまで、3つの役割と必要なスキルセットを説明してきたが、デザイナーやプロジェクトマネージャーの要件を満たす人材が、社内に見つからないケースも多いだろう。テクノロジーが発展するスピードに適応し、ビジネスを推進し続けるためには、多様で高度なスキルを身につけた人材の確保が必要となるが、経理財務の知識のみならず、専門知識を備えた人材自体が不足している状況である。また、要件を満たす人材をこれから育成するとしても、まとまった期間が必要に

図表2－12　内部人材の活用で組織全体の対応力を強める

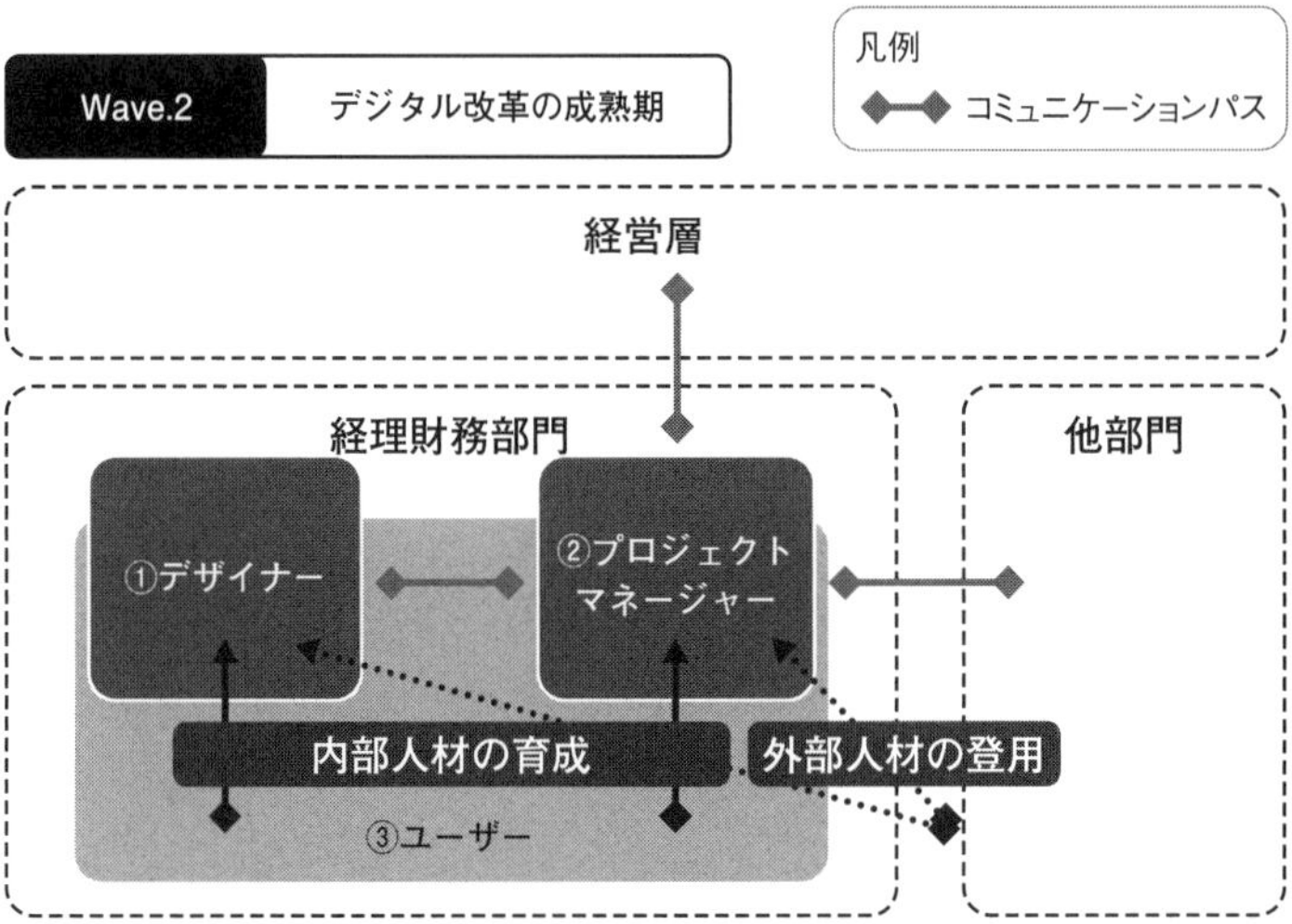

（出所）KPMGコンサルティング

なってしまい、時代の潮流に追いつくことは難しい。そこで、図表2－11、2－12をご覧いただきたい。

時代が変化するスピードに対応しながら、これからの経理財務組織に求められる役割を担うためには、外部人材を登用することもひとつの方法である。

たとえば、「Wave．1：デジタル改革の黎明期」では、知識や経験を深める局面とし、スキルそのものよりも好奇心や新しいものへの挑戦意欲、変化を受け入れる姿勢などが重要となる。外部人材から知識を吸収していくと、「Wave．2：デジタル改革の成熟期」へと移行する。Wave．2では、経理財務部門の中心メンバーが次第に変革を主導する役割を担うことが可能となる。

デジタル時代のタレントマネジメント

２０１６年、ＫＰＭＧがグローバルのＣＥＯに向けて実施した調査結果では、97％のＣＥＯが財務経理部門のタレントマネジメントの改善を重要視していると回答した。一方で、ＣＦＯのタレントマネジメントに合格点をつけたＣＥＯは33％にとどまっている。この調査結果は、デジタル化が急速に浸透する中で、社内のデジタル化に対応するための人材（以後、デジタル人材）の確保が思うように進んでいない企業が多いことを示唆している。

日本企業においても働き方の多様化や転職市場の拡大にともなって、人材の流動化が確実に進み始めている。

そのような中、デジタル人材は業界や職種を問わずニーズが高まっており、人材獲得の競争は激化している。さらに、デジタル知見と語学力のように複数のスキルをもち合わせた人材の確保はより困難になっている。

採用だけでなく、人材育成や有能な人材が長期的に活躍できるような仕組みづくりもあわせて検討する必要がある。そのためにまず必要なことは、破壊的テクノロジーが経理財務部門に与える影響を棚卸し、次世代経理財務部門に必要な人材を定義することである。その上で社内の人材のもつスキルや特性、バックグラウンドを把握し、不足しているスキルや人員数を決定していくことが必要である。こうした取り組みは経理財務部門だけで実施するのではなく、全社レベルで行うことが望ましい。たとえば、数学的な専門知識と膨大なデータを解析することができるデータサイエンティストが経理財務部門にいなくても、システム部門で活躍している場合もあるだろう。

次世代の人材確保戦略

ここまでで、デジタル人材の確保がいかに困難になっているかおわかりいただけたと思うが、ここからは、そのような困難な状況において、これからの経理財務組織に必要な人材を確保し働き続けてもらうためにはどのような方法が有効なのか、考察したいと思う。

図表２―13をご覧いただきたい。これは、これからの経理財務組織に必要な人材を確保するための手法を表したものである。この図表で最も重要な点は、①人材採用、②人材育成、③外部人材の登用、④維持・管理、という４つの手法を同時並行で進める、ということである。変化の激しい現代において、採用してから必要な研修を行い、ジョブローテーションなどを経てさまざまなスキルを身につけるという時間のかかる方法ではなく、いかにスピーディに必要な人材を確保し育てるか、ということがより重要になってくる。それでは、４つの手法について、

図表２－13　次世代ファイナンスにおける人材確保戦略

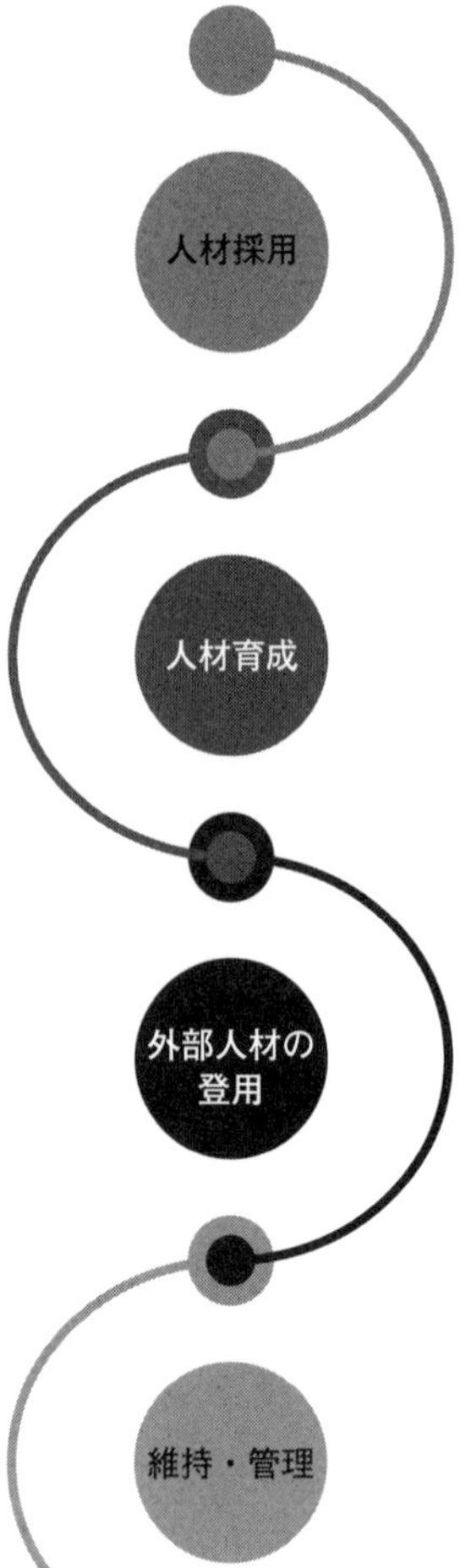

（出所）KPMGコンサルティング

それぞれ具体的にどのような取り組みが必要になるのか、解説したいと思う。

人材採用

ここ数年間で、新卒の外国人採用枠を大幅に増加している日本企業がメディアで取り上げられているように、外国人の採用数は年々増加の傾向にある。

しかし、外国人採用数が増えたとはいえ、採用段階で日本語力を確認されるケースはまだ多いのが現実である。たしかに、日本語ができる人材のほうが社内でのコミュニケーションが円滑になる等のメリットはあるものの、これからのデジタル時代において、今まで必要と考えられていた日本語力は、これからも業務を遂行する上で果たして必須要件となり続けるのだろうか。むしろこれからは、日本語力を必須要件としたために、優秀な候補者をみすみす取り逃してしまっている、もしくは、候補者が応募を諦めてしまうケースのほうが多くなるだろう。

このように、日本語力をはじめ、これまで必須要件となっていたものが、今後の経理財務組織にとっても、必須要件となり続けるのか、企業側は見直しを迫られている。一部の日本企業は、いち早く英語の公用語化に取り組んだが、日本語力を求めるのではなく、高い英語力を求めることで、グローバル化やデジタル化に対応しようとしている。他にも、これまでの経理財務組織では採用の候補に上らなかった、たとえばロボット工学の知見をもつ人材を採用する等、デジタル時代に向けて採用条件を新たに定義し直す必要がある。

さらに、採用条件を緩和して門戸を広げることに加えて、自社の採用のターゲットとなる人材が企業に求めている労働条件や価値観を十分に理解し、それに適合する選考プロセスを取り入れることも必要である。たとえば、ＳＮＳを活用した採用情報の発信、オンライン面接、社員からの紹介制度の活用、インターンシップを用いた人材発掘など、柔軟なアプローチも取り入れていくことが大切である。

他にも、新卒採用サイトや転職エージェント経由で、人事面接、部門面接、役員面接を経て採用不採用を判断する、といったこれまでの選考プロセスにこだわらず、デジタル技術の知識を評価するための新たな選考プロセスを設ける工夫もできる。たとえば、プロトタイプ[5]検証による評価を行うなど、スキルを定量的に測定する採用方法を経理財務部門にも取り入れることは、多様な人材確保にもつながるだろう。また、全社的なタレントマネジメントが実現すれば、人事部主導ではなく、各部門が主導して不足人員の採用活動を行うことも可能になる。

さて、ここまで候補者の採用条件の再定義の必要性を解説してきたが、採用担当者にも同様に、採用業務を担う人材の要件を見直す必要が出てくる。特に、専門性の高いスキルを正確に見極めるためには、採用を行う担当者にも、専門知識があることが必要不可欠になる。デジタル技術を理解していない採用担当者が、デジタル技術のスキルの有無を判断できないのは当然のことである。デジタル人材の不足が深刻な中、社内での人材確保が難しいことを理由に外部採用に注力するのではなく、社内人材の育成も同時進行で進めることが重要である。

人材育成

では、次に、デジタル時代に対応するための人材育成について解説したいと思う。

テクノロジーの活用により新たな仕事が生まれている中で、社内人材のスキルミスマッチにより効果的に人材を活用できていない事例は多く見られる。貴重な経営資源である社内人材を、より時代にマッチした価値を生み出す人材へ育成していくことは重要である。経理財務部門における人材育成は、これからどのように進めていくのがよいだろうか。

これからは、会計基準や実務を学ぶことを人材育成の中心に据えるだけでは十分ではない。ビジネスの知識、他部門の業務まで理解すること、コミュニケーション能力を磨くこと、プログラミングやテクノロジーの知識を身につけることのほうが重要になってくる。

しかし、このような幅広い知識を身につけることは簡単ではない。そのため、異業種間での人材交流を活発にさせ、大学や研究機関との連携を強化するなど、自社の人材育成の一環とし

（5）プロトタイプとは量産する前の試作品であり、ここでは概念を検証するための仮製品を意味する。

て、新たな人材ネットワークをつくっていく必要がある。たとえば、出向という形で他社のビジネスや、業務知識を身につけることも一案である。

このように、デジタル時代に向けて、新たな育成プランを構築することは急務である。

外部人材の登用

これまでも経理財務部門では定型業務のアウトソーシングや派遣社員を、業務効率化とコスト削減の目的で運用している企業は多い。テクノロジーの導入により定型業務が自動化され、外部委託してきた業務は今後ますます減っていく一方で、破壊的テクノロジーの台頭により、デジタル領域に精通した人材の確保が急務であるが、その実現は容易ではなく、当面は外部人材に頼らざるを得ないのが実態であろう。外部人材の登用は、タレントマネジメントにおいて重要な柱のひとつとなる。

デジタル領域で働く人材は、あえて大企業を選ばず、個人の裁量や自由な働き方が可能なスタートアップ企業やフリーランスを選択するケースが多く、こういった人材を採用するためには、自社の風土や制度など大幅な変革が必要となり時間も要する。高い技術をもつスタートアップ企業やフリーランスとパートナーシップを結ぶことで、迅速に不足している人材補強が可能となる。

また自社の過剰人員が他社にとっては必要な人材となることもあり、会社間でのリソースシェアや兼業制度を導入することで、自社の人材育成や能力開発につなげることも可能である。

維持・管理

人材確保戦略として取り組むべき4つ目は、社内の人材が働き続けるための維持、管理について解説したい。

日本において1年以内に転職を経験した人はここ10年間横ばいであるものの、20代を中心とした第二新卒市場は拡大を続けている。雇用形態の大きなシフトチェンジを見越して、20代を中心としたキャリア志向は、安定性を求める傾向からチャレンジングな環境でスキルを習得する傾向に大きく変わっていることがわかる。

もちろん他の年代においても転職のハードルは下がっており、キャリアアップのため、新たなスキル習得のため、子育てや介護のためなどを理由に転職、場合によっては退職する人も少なくない。多様なキャリアパスや柔軟な働き方のニーズに応えられるような就業規則、評価制度、報酬制度の見直しなどの仕組みづくりは、優秀な人材が長く活躍し続けてもらうために必要である。

子育てや介護が必要な世帯には休暇や時短制度が整備され、テレワークで仕事ができる環境が整備されている企業も出てきているものの、対象者が限定されていることが多く、社員が自由に働き方を選べる環境にはなっていないのが現状である。また服装や髪型、就業時間などの規定は、自由で裁量のある労働環境に馴染みのあるグローバル人材にとっては窮屈に感じられる制度かもしれない。

2017年から育児・介護などを抱える社員のために週休3日制度を先駆けて実施している企業や試験導入を検討している企業は確実に増えている。

外資系やベンチャー企業では一般的になりつつあるアルムナイ制度は、もともと同窓生という意味をもち、退職後も企業と関係を維持して再入社を歓迎している。デジタル領域で働く人材は新しいスキルや技術の習得に積極的であり、リカレント教育や転職により会社を離れることも多いため、アルムナイ制度は彼らの行動特性を踏まえた中長期的に人材を定着化させる戦略ともいえよう。

このような制度のみならず、経理財務部門で働く社員としての誇りをもてる意識改革や魅力づくりも重要である。これまでは、財務会計情報を中心として企業の責務を果たすために必要なコストセンターという意識がある人も少なくなかった。しかし、これからの経理財務部門が果たすべき役割は、ビジネスパートナーであるべきはずだ。管理業務に莫大な時間と労力を費やす部門という評価から、デジタルを駆使しスマートに業務を遂行しつつ、事業運営を適切に導くための戦略的視点を評価し、健全で持続的な成長を促す部門であることを強く意識させることで、個人の成長意欲やモチベーションを駆り立て、部門としての魅力をより高めることができる。

これからのタレントマネジメントの実践に向けて

タレントマネジメントでは働き手が求めていることを常に把握しながら、自社のニーズにあった最適な仕組みづくりを追い求めていかなくてはならない。これまで日本企業の多くは入社後統一された基準の中で昇進していくモデルだが、デジタル時代においては複線型のキャリアパスを制度として盛り込むべきであろう。

複線型のキャリアパスとは単一のキャリアパスではなく、複数の選択肢からキャリアパスを選べる制度で、デジタルの専門性や先に記載したデザイナーやプロジェクトマネージャーのスキルをさらに伸ばせるようなキャリアパス制度の整備である。これから企業に求められることは、柔軟かつ迅速な制度やルールの見直しを継続して行っていくことである。

そのためには、まずは部分的に始めてみることである。全社レベルや部門すべてで始めるのではなく、一部のチームは業務領域から新しい制度の適用を開始し、改善を繰り返しながら範囲を広げていくことが肝要である。

最初から詳細な制度づくりに時間をかけてしまっては先には進まない。検証や評価作業にも多大な時間を要することにもつながり、結果的にスピーディな改善につながらない。戦略立案時に、導入・評価・改善までのサイクルを明確化し、着手してみることが重要である。変革は組織にとって大きな躍進と新たな価値創出や成長機会をもたらす一方で、その変革の影響を受ける社員にとっては大きなストレスをともなうことを理解した上で進める必要がある。

変革の成功要因とは

ここまで、今後の経理財務組織に求められるスキルやタレントマネジメントを説明してきたが、今の経理財務組織との違いが大きく、社員の目線や意識を高めながら変革を成功させるのは難しいと思う読者も多いのではないだろうか。ここで、組織を変革する際に重要になるチェンジマネジメントの実践的な手法をご紹介したい。チェンジマネジメントとは、変革の阻害要因となる人の意識や感情といった心理的な要因を加味しつつ、組織全体の意識改革を進めるための手法のことである。すでにチェンジマネジメントのことはよく理解している読者も多いだろうが、ここからは一般的なチェンジマネジメントの手法を紹介するのではなく、実際にＫＰＭＧがプロジェクトを通じて得た経験の中で、チェンジマネジメントを成功させるための３つのポイントを紹介したい。

ひとつ目はトップマネジメントの強いコミットメント、２つ目は変革を主導するチームの組成と権限委譲、３つ目は組織全体のコラボレーション強化である。では、ここから3つのポイントを具体的に説明しよう。

トップマネジメントの強いコミットメント

実は、トップマネジメントが単に変革を宣言するだけでは変革が実現する可能性は低いということがわかっている。改革の初期に、経営層からの一斉メールやビデオメッセージで一方的に通知されるものの、その後の継続的なメッセージがなく、次第に改革の存在感が薄れてしまう残念なケースは多い。もともと、人々は変化することに対して無意識にネガティブな感情を抱きやすいため、変革の必要性、変革後の姿、変革の実現手段や時期など、具体的な内容をトップマネジメント自ら従業員に語り理解を得る努力を継続的に行わなければならない。

変革を成功させるためには、トップが積極的に変革に関与し、社内に変革の意識を醸成していくことが重要になる。また、変革の開始当初だけでなく、変革の進捗状況を適宜モニタリングし、ゴールを達成するために必要な支援を行い、時にはトップ自らがテコ入れを行うことも重要である。

変革を主導するチームの組成と権限委譲

2つ目の変革を成功させるポイントは、チーム組成と権限委譲である。変革を成し遂げようとする場合、その規模により専任チームまたは業務と兼任といった差はあるものの、変革を主導するプロジェクトチームが組成され、変革のゴールの設定や実現へのロードマップを描き、実行していく。

変革の実行過程においてはスピード感をもって物事を前進させることが重要であるが、反発や妨害が日常的に発生することもあり、これに対応するための重要な判断を迫られる機会も出てくる。そのため、プロジェクトチームの中で意思決定力のある人物や抵抗勢力に相対できる対応力をもった人物を据えることが必要である。経理財務で働く社員は、保守的な傾向をもつ人が多いため、経理財務部門から変革を主導するチームを組成する場合は特に気をつける必要があるだろう。

またチームの組成とあわせて、変革に必要な活動に取り組めるような実行権限を委譲することも必要となる。意思決定には今後の会社の行く末を左右するような大きなリスクや責任をともなうこともあるため、重要度合いに応じてトップマネジメントにエスカレーションを行うといったリスク管理も重要である。

組織全体のコラボレーション強化

最後は、組織全体のコラボレーション強化である。大きな変革を実行する場合、制度や規定などあらゆる領域に影響が及ぶため、変革にともない新たに必要となるスキルや人材要件を見直すだけでなく、改革の直接的な影響を受ける経理財務部門の各人の意識改革も進めなければ、真の変革の実現にはつながらない。

経理財務部門の１人ひとりの意識改革が進むためには、組織全体が目指すべき姿を共通認識できるよう目標を正しく共有し、必要な説明や対話を行い、取り組みを継続できるよう徹底することが重要である。

ＫＰＭＧでは、社内の働き方改革の一環として職場環境の改善に取り組んでいる。専任チームによる改革を後押しするために、トップマネジメント以外には公開されない約束のもとで全従業員が感じている不安、職場に期待すること、個人的な趣味等、なんでも投函できる仕組みをつくり、トップマネジメントが投函されたトピックの中で取り組みたい内容があれば、実現方法を専任チームにはかり、実際に会社全体での取り組みに発展させている。投函した内容が実現するかもしれないという期待から働き方改革への参加者意識をもつことができ、職位に関係なく経営層とフランクな会話ができる風通しのよさを感じると評判だ。また施策が一方的な発信や押しつけにならないように、匿名でのアンケートを通じた評価や、フランクな対面交流会を通じてリアルな声を拾い、全社一丸となった改革に向けたムーブメントを強く推進している。

本節では、スキル&タレントマネジメントについて述べてきたが、即座に理想的な体制の確立は非常に難しいため、最初は外部人材を活用した体制を構築し、内製化を進めていく中で人事制度においてもデジタル時代に対応していくことが重要である。

7 データマネジメント&ガバナンスと企業統治・コンプライアンス&コントロール

ここからは、Future of Financeのフレームワークの6つ目と7つ目の要素である「データマネジメント&ガバナンス」「企業統治・コンプライアンス&コントロール」の観点で、破壊的テクノロジーが経理財務部門に与える影響を説明していく。

この2つの要素は、どちらも企業活動の土台をなすもので、関連性の高い要素のため、一緒に説明していくことにする。

膨大なデータをどう管理するか

本章を通して、破壊的テクノロジーにより、経理財務部門が扱うデータは、財務情報だけでなく、経営の意思決定に役立つ示唆を出すための非財務情報も必要になってくることを説明してきたが、膨大なデータを誰がどのように管理していくかは、これからの課題として検討していく必要があるだろう。

特に、政府、自治体、公共機関などが公開している人口推移などのオープンデータや、インターネットなどを通じて収集されるソーシャルメディアのコメントなどの、オルタナティブデータといわれる非財務情報は、経理財務部門が単独で活用するのではなく、営業部門やマーケティング部門といった部門での活用も想定されるため、管理責任の所在を明らかにし、データ収集にかかわるコスト負担も明確にする必要が出てくる。

さらに、オープンデータやオルタナティブデータといった外部データは、破壊的テクノロジーがそのままの状態で活用できるとはかぎらず、分析可能な形式やレベルにデータを整理する必要もある。それだけでなく、複数のデータを統合させてはじめて意味のあるデータになるケースもあるだろう。外部データのデータ整理まで自動化できることが理想だが、膨大なデータを整理する業務が発生する可能性があることは、破壊的テクノロジーを導入する際の課題として認識しておく必要がある。

破壊的テクノロジーは、膨大なデータを扱うことには長けているが、使用されるデータそのものの品質にも目を配っておかなければ、誤った示唆を導いてしまう可能性もある。テクノロジーの活用面だけでなく、正しく分析できるためのデータ管理も忘れてはならないポイントである。

サンプリングから全件モニタリングへ

続いて、破壊的テクノロジーの進化により、企業活動の土台となる企業統治とコンプライアンスがどのように変化していくのか解説していきたい。

説明に入る前に、企業統治と、コンプライアンスを包含する概念である内部統制の2つの関係性について簡単に触れておきたい。

企業統治とは、簡単にいうと、企業経営を健全に行うために経営者が維持するべき仕組みを意味する。一方、内部統制とは、「業務の有効性と効率性」「財務諸表の信頼性」「事業にかかわる法令等の遵守(コンプライアンス)」「資産の保全」の4つの目的を定め、この目的を達成するために全社員が遵守すべき社内ルールや、業務を実施する仕組みをいう。

経理財務組織では、企業統治の仕組みを支えるひとつとしてこれを整備し、内部統制の目的達成を阻害する要因（リスク）を可能な限り抑制（コントロール）することを目指している。

さて、ここからは内部統制に与える影響を解説していく。内部統制において、経理財務部門が最も重要視する目的は、コンプライアンスではないだろうか。最近では、不正会計だけでなく、社会全体がコンプライアンス違反に厳しい目を向けるようになっており、不正会計の防止は経理財務部門の重要な役割のひとつである。

これまで、経理財務部門が不正会計を防止するためには、日常的に業務の中で、あるいは臨時的に内部監査部門によってモニタリングを行い、業務プロセスがリスクを抑制できるものになっているか文書と実際の業務のチェックを行っていた。しかし、モニタリングは、無作為に抽出された一部のサンプルトランザクションのみを評価するものであり、サンプリングから漏れてしまったトランザクションの中に実は不正が紛れていた場合、不正を発見することは難しくなる。もちろん、すべてのトランザクションに不正がないことをリアルタイムで全件確認することが理想ではあるが、日々大量に発生するトランザクションについて実施することは、現在のテクノロジーでは限界があるということは、誰しも容易に想像がつくであろう。

そのような中、破壊的テクノロジーを内部統制に活用することに対して、経営層や経理財務部門からの期待が高まっている。最近では、大量のトランザクションをモニタリングするだけでなく、ＡＩを活用した効率的なモニタリングの仕組みがすでに実現可能な段階に入っている。

このような仕組みが企業に導入されれば、ＡＩがすべてのトランザクションを網羅的にチェックし、異常値を示したトランザクションのみ担当者が個別に判断していく、という新しい形の内部統制が可能になる。

今後経理財務が扱うデータは、財務情報だけでなく、経営の意思決定に役立つ示唆を出すための非財務情報も扱うことになり、管理すべきデータは大幅に増加していく。内部統制のためにトランザクションを全件モニタリングすると、データはさらに膨大になる。破壊的テクノロジーにより、内部統制の品質は向上するが、品質とコストのバランスを考慮し、経理財務部門全体の効率的な体制を構築していくことが重要である。

このように、内部統制にも破壊的テクノロジーを活用する余地が十分にあることは理解いただけたと思うが、実際に内部統制に破壊的テクノロジーを活用している企業の事例は非常に少ないのが現状だ。これまで、内部統制はルール通りに粛々と行うことを求められる業務であるが、法令や規定でルール化されている定型業務こそ破壊的テクノロジーの恩恵を最も受けやすい分野であるため、今後の破壊的テクノロジーの活用はますます増えていくと期待される。

破壊的テクノロジーによる業務の可視化

ここからは、内部統制に活用可能な破壊的テクノロジーをご紹介しよう。

ハードウェアの性能の向上とともに、企業内に蓄積された膨大なデータから経営的意思決定に必要な分析を行うツールの性能も旧来と比較して飛躍的に進歩している。最近では、グラフ化するだけではなく、色や濃淡など視覚に訴えるヒートマップを用いて、直観的にわかりやすい表現が可能なデジタル技術も登場している。たとえば、全件モニタリングの結果をビジュアライゼーションツールで視覚化し、データや問題点をより直観的に捉え対処していくことも可能になるだろう。

ほかにも、プロセスマイニング技術を内部統制に活用することも期待されている。プロセスマイニングとは、企業内に蓄積された膨大なデータから業務プロセスを再構築、可視化、分析することにより、業務を効率化していく手法を指す。

この手法を自動的に実行することができるプロセスマイニングツールを活用すれば、現状のプロセスを容易に可視化することができ、業務プロセスのどのステップに課題があるか容易に把握できる。たとえば、購買プロセスのトランザクションの傾向、想定外の事態発生の状況、処理に時間がかかっているステップなどが可視化されれば、問題のあるポイントのみを改善すべきか、それとも、プロセス全体を見直すべきかといった判断に役立てることもできる。このツールを定期的に活用することで、内部統制の目的のひとつでもある「業務の有効性と効率性」を高めていくことも可能になる。

さらに、業務プロセスの見直しや新しいデジタル技術を導入する際、プロセスマイニングツールを利用することで業務プロセスの自動文書化も可能となり、これまでのように文書化に時間と人手を費やすこともなくなっていくだろう。ツールを定期的に実行することで、業務プロセスの状況を確認し改善を行うだけでなく、業務プロセスの文書も常に最新の状況を保つことができる。

また、ＧＲＣツールという新たな管理ツールも登場している。ＧＲＣツールとは、企業におけるガバナンス、リスク管理、コンプライアンス活動をテクノロジーによってサポートするツールである。企業活動におけるガバナンス、リスク管理、コンプライアンス活動を統合することで、複雑化した企業の管理機能をスリム化することが期待されている。

管理情報を体系的にデータベースに保存することで、経営の意思決定に役立つダッシュボードやレポーティングを適切なタイミングで提供することが可能となる。なお、ＧＲＣツールが実際にどのように企業で導入され、運用されているのか、具体的な事例は第4章でご紹介する。

業務自動化とリスクマネジメント

次に、内部統制にかかわる業務の自動化とリスクマネジメントという観点について考えたい。第2章を通して、ＲＰＡを経理財務の業務に導入するケースは非常に増えてきており、今後もその傾向は加速していくことを解説してきたが、内部統制という会社の基礎をなす仕組みは今後どうなっていくだろうか。

今後ＲＰＡやＡＩをはじめとするデジタル技術の精度が高くなれば、内部統制は、多くの業務に人を介在させず自動で行うことも可能になるだろう。しかも、今までの不正を発見するための統制は、四半期、月次、週次での実施が多く、不正を疑われるトランザクションが発生した後に事態を検知することが多かったが、デジタル化が進めば、不正検知の頻度を即時に近い形にまで引き上げ、不正を未然に防ぐ予防的統制も可能となる。

ここで、購買管理業務を例に、どのような業務自動化とリスクマネジメントが可能になるのか考察してみる。

購買管理業務プロセスは、発注書に基づき、発注書と納品書と請求書の3点を照合して支払を行う場合と、契約書に基づき、契約書と請求書の2点を照合して支払を行うプロセスに分けられる。

破壊的テクノロジーを活用すれば、発注書、納品書、請求書の3点照合、あるいは契約書と請求書の2点照合を自動で行い、支払遅延や二重払いといった事務的なリスクを削減することも可能になる。また、取引先情報をＯＣＲにより自動で読み取れば、取引先の口座情報の転記ミスも削減することができる。それだけでなく、架空請求といった不正においても、発注担当者と取引先担当者が長期にわたり変更されていない場合や、相場と乖離の大きい金額で契約が締結された場合など、共謀を疑われる不正も、早期に検知し、過去の不正の事例をもとに不正検知の精度を高めていくことも可能になる。

これまでは、人が内部統制を維持してきたために不正を見過ごしてしまったトランザクションも、破壊的テクノロジーを活用することで、網羅的に、即時に不正を検知することが可能になる。これにより、内部統制の4つの目的をより高い精度で実現することもできるようになるだろう。

ＲＰＡやＡＩといったデジタル技術は、人と違い生産性が一定でミスを起こさないだけでなく、不正を起こしにくいなどメリットは非常に多い。しかし、ＲＰＡやＡＩ自体へのガバナンスは考える必要があることに注意したい。たとえば、経費申請を承認する際、これまで、承認者は申請情報が正しく入力されているか、金額は規程にしたがっているかといった確認を行った後、経理財務部門による支払の承認が行われていた。しかし、経費精算のプロセスを、デジタル技術を用いて自動化し、承認者の承認行為のすべてを自動化してしまうことは、職務権限の統制を無効化してしまうリスクもあるため、承認者の承認行為を自動化する場合は、規定に基づく確認に留めるなどの考慮が必要となる。

ＲＰＡは上手に使えば大変有用なツールであるが、ガバナンスが十分に機能していない状況では、ＲＰＡやＡＩといったデジタル技術が社内外に悪影響を与えてしまう可能性もあり、新しい技術を導入することによるリスクマネジメントも同時に見直していく必要がある。また、ガバナンスが十分に有効な状況であっても、近年増加の一途をたどっている、乗っ取り、なりすまし、情報漏えいといったサイバー攻撃に対応するために、個別の内部統制の方法を検討する必要があることを忘れないでいただきたい。

第2章では、Future of Finance の実現に向けたフレームワークに基づき、各要素を順番に解説してきたが、今後の経理財務部門に求められるものは現状から大きく変化し、それらを満たすためにはすべての要素に対してイノベーションを起こさなければならないことがおわかりいただけただろう。

経営戦略・事業戦略とファイナンスの融合、予測分析や規範的分析を活用したアクションプランの提示、イノベーションやアクションを実現するための推進力、デジタル技術を最大限活用したオペレーションの効率化、クラウドソーサーやパートナー会社とのコラボレーションによる資源最適化、ハイスキル人材のタレントマネジメント、データマネジメントの高度化、デジタル技術による予防的統制や発見的統制の効率化・高度化等、どれも一筋縄では対応できないテーマばかりである。

競争が激しいこの時代を生き抜くためにも、瞬時にすべてのテーマに取り組み、次世代型の経理財務部門に変貌していくことが最善策ではあるものの、多くの企業にとっては、腰を据えて改革に着手できる状況にないのが実情ではなかろうか。

また、それらのリソースが仮にそろっていたとしても、なにからどのように始めれば効果的に実現できるのか不明確であり、なかなか最初の一歩を踏み出せない状態に陥っているのではなかろうか。そこで次章では経理財務部門におけるイノベーションを進めるにあたってのポイントを中心に解説していく。

第3章

イノベーションを進めるために

1 デジタル変革を成功に導く3つのキーワード

企業は、これまでの常識からは考えられないスピードで押し寄せるデジタル化の時代に直面しており、その影響はフロント、ミドル、バックオフィスの全域に及んでいる。

会社にとって必要な変革を進めるには、部門内にとどまらず全社的な視点が必要となるが、従来のような改善型のアプローチでは、既存業務の効率化や自動化がメインテーマになってしまい、社会のトレンドやデジタル化のスピードについていけなくなるリスクが顕在化するだろう。

そこで、KPMGがデジタル変革プロジェクトに携わってきた経験をもとに、デジタル変革に欠かせない成功要因を整理したところ、Think Big「大きくとらえる」、Start Small「まずはやってみる」、Build Momentum「進化を継続する」この3つのキーワードが浮かび上がってきた。ここからは、3つのキーワードが改革の成功要因にどのように結びついているのか、解説していきたいと思う。

Think Big「大きくとらえる」

この本を読んでいる方の中には、すでに会社がデジタル変革に着手している場合もあるだろう。しかし、部門や領域を限定する、あるいは、部門が単独で最先端のテクノロジーを取り入れるなどのやり方で進めてはいないだろうか。実は、このようなやり方でデジタル変革を成功に導ける可能性は低い。たしかに、これほどまで変化の激しい世の中において、できるところからデジタル化を進めていくやり方は、決して間違いとはいえない。しかし、企業がこれから目指すべき真のデジタル変革とは、特定の部門や領域にフォーカスするのではなく、企業のバリューチェーン全体がテクノロジーのメリットを受けられるような、企業全体の取り組みでなければならない。

これまでも、事業変革を実施する上で検討する範囲を絞り込むケースはよく見受けられていた。それは日本企業の組織体制の特徴によるものが一因になっていると考えられる。外資企業と異なり日本企業の大半は機能ごとに部門が編成され、複数の部門をまたぐエンドツーエンドのプロセスオーナーが存在していない。このような組織体制を前提に、特定の部門に限定した業務最適化やコスト削減などの取り組みが多くの企業で行われているものの、企業の存続をかけたデジタル変革への対応に苦労している企業は少なくないだろう。

では、会社の存続にもかかわるデジタル変革を成功させるには、どのように進めていくのがよいのだろうか。そのためには、まず、第2章でも触れたように、トップマネジメントからの強いコミットメントとステークホルダーの積極的関与が不可欠な要素である。

しかし、機能別組織の前提を残したままの対応では、依然として特定の部門が主導権をもつ体制となってしまい、全社的な取り組みを推進するための求心力は弱くなってしまう。したがって、全社規模でデジタル変革をさせるためには、デジタル変革を推進するための組織を確立することが望ましい。さらに、各事業部門内でも専属の推進チームを結成することによって、部門間の垣根を越えて、自社へのインパクトを把握し、対応策を立案、実行することができるようにすることが重要である。このように、複数の部門をまとめるための組織やチームを結成し、デジタル変革をより大きな視点で推進していくことが、デジタル変革の成功要因のひとつ目である。

Start Small「まずはやってみる」

では、次のStart Small「まずはやってみる」を解説しよう。先のThink Bigと一見矛盾するように思われるかもしれないが、2つがどのような関係にあるのか、見ていこう。

デジタル時代では企画から実行までのサイクルは従来と比べ著しく短縮され、製品、ソリューションの機能、プロセスなどを検討することに時間を費やすのではなく、一刻も早くアイデアを製品化し有効性を検証することが求められる。その中でも特に重視されるのは、アイデアの創出からプロトタイプ完成までのスピードである。最初から完璧な製品を目指すのではなく、まずプロトタイプを完成させ、ユーザーのフィードバックを通じて徐々に改善していくアプローチが、デジタル変革に最もフィットする方法である。

このように、Start Small は Think Big と矛盾するように思われるが、両者の着眼点が違うことがおわかりいただけただろう。Think Big は、デジタル変革の構想段階から全社規模で取り組んでいく必要性を強調しているのに対し、Start Small は、具体的な施策立案やソリューション開発の段階で、質よりはスピードを重視すべきという異なる発想をもっている。

なぜスピードが重要視されるようになったのだろうか。これまで、従来のＩＴテクノロジーに関する投資を検討する際、投資額の回収見込みに対して十分な検討がされない限り、意思決定ができない会社がほとんどであった。多額の投資の失敗が許されない環境であり、企業の経営者達は慎重に検討せざるを得なかったからである。その結果、多くの日本企業で議論や検討に重点を置くウォーターフォール型[1]のＩＴ投資プロジェクトが浸透していった。このような手

（1）計画、設計、開発、テストといったステップを順番に進める手法。

法は大規模な投資が必要で環境の変化が激しくなく、時間の余裕がある前提では成り立つ。しかし、技術や事業変化が激しい状況下では、議論を重ねている間に環境が激変するリスクのほうが高くなっている。

また、テクノロジーが進化したことで、これまでのような莫大な投資をせず使用分だけ課金されるクラウド等のインフラが整備されたため、今までよりも容易に開発に着手できるようになったことは企業にとってチャンスと見るべきであろう。

そして、構想や実行のスピードを上げる以外にも、Start Small を徹底するためには、企業文化を含めてオペレーションの改革が必要である。失敗は許されないという風土を変え、挑戦しやすい組織風土へ進化しないと、素早く動くことはできない。さらに、オペレーションの観点では、年1回の固定的な予算制度しか立案しないような状況はデジタル時代にフィットしない。デジタル変革やプロジェクトを推進するチームが予算を意識しなくてもよい予算管理の仕組みづくりをすることによって、Start Small の阻害要因をなくすことが重要である。

たとえば、年初に一括の予算取りをするよりは、ローリング・フォーキャストのコンセプトを取り入れて将来の継続した期間に関する予実管理と予算の見直しを継続的に行うことを推奨する。そうすることによって、最初から多額の投資予算を確保していなくても、Start Small の支障にならず、少額な予算でトライアルから始動し、当初設定した目標に達成すれば、次のフェーズに向けてより精度の高い予測を立てることができ、投資リスクを抑えながら柔軟に動けるという利点も享受できる。

また、階層組織による多段階承認プロセスは、無駄な時間を費やしてしまうため、フラットな承認プロセスを設けるといった制度改革も必要になる。

Build Momentum「進化を継続する」

最後に、Build Momentum「進化を継続する」を解説しよう。これは、変革の取り組みスピードを維持し、継続してアクションを起こし続けることを意味する。世の中では常に変化が起き、デジタル技術も日々進化している。すでに変化の激しさが増す社会において、今後も変化のスピードは加速し、複雑さも増していくだろう。

企業がデジタル変革に向けて取り組みを始めたとき、一過性の取り組みでは、日々進化し続けるデジタル化の流れや社会の変化にはいずれついていけなくなるだろう。現在はマーケットシェアを確保でき、顧客のニーズにもうまく対応できているものの、知らないうちに競合はさらに進化を遂げているかもしれないし、あるいは異業種から突然ライバルが現れるかもしれない。苦労を乗り越えてデジタル変革に着手したにもかかわらず、途中で歩みを止めるのは逆効果になりかねない。デジタル変革は到達点があるわけではなく、まさに終わりのない旅ともいえるだろう。

　では、どのようにすれば継続的な取り組みを維持できるのだろうか。そのためには、Start Smallでも解説したとおり、完璧を目指すのではなく、いち早くプロトタイプを作り、環境・変化に応じて随時更新をかけていくやり方が有効である。

　しかし、短期間で検討、開発してつくられたプロトタイプにはさまざまな不備がある。たとえば使い勝手が悪かったり、バグが多発したりすることもあるだろう。そこですぐに失敗と評価して終わりにするのではなく、何度もエンドユーザーのフィードバックを収集、分析し、問題点を特定した上で、反復開発[2]を実施することが肝となる。また、反復開発の繰り返しで、現状の要件にすべて充足し、安定的に稼働できたとしても、システム稼働状況のモニタリングも必要とされる。

　なぜなら、デジタル時代には世の中で常に新しい変化が起きているため、継続的に変化を受け入れながら既存システムを進化させる必要があると考えられる。したがって、テクノロジーに関する知見の蓄積が重要であるものの、既成概念に固執せず新しいことにチャレンジしやすい、また変化を受け入れやすい企業文化づくりも大事になる。

2　デジタル変革の成功のために

ここまでのデジタル変革に必要な3つのキーワードの解説を通して、デジタル変革を進めるための全体像はご理解いただけたのではないだろうか。先にも述べた通り、デジタル変革は、経理財務部門だけでなく全社的に取り組んでいく必要がある。

デジタル変革において重要なポイントは、なぜ変革が必要なのか、将来何を目指すのか（ビジョン）、場合によってはビジネスそのものの見直しを検討し、それら変革アジェンダを中長期のロードマップに落とし込んでいくことである。

具体的にどのように進めていくべきか見ていきたい。

（2）反復開発とは、イテレーションとも呼ばれる手法で、開発工程を短期間のうちに何度も繰り返しながら完成度を高める手法のことで、スピードを重視する必要がある現代においては、有効な開発手法のひとつになっている。

デジタル・ビジョンを掲げる

会社全体として、デジタル技術を用いてどこを目指すのか、どの分野に進出すべきか、というデジタル・ビジョンは事業の存続をかけた一番重要な経営課題といっても過言ではない。これまでの変革プロジェクトの多くは、既存事業の課題の解決、たとえば業務効率化やコスト削減などへの取り組み、あるいは競合他社に勝ち抜くための積極的なマッケートシェアの拡大や差別化できる商品の開発などの対応になっていた。しかし、デジタル時代に突入した今、「現状の延長線上に未来はない」ということをまず理解していただきたい。これは決して大げさではない。

このような事業の存続をかけたテーマの他にも、テクノロジーの質や活用の仕方にも変化が起きている。これまでのテクノロジーは、人間が手作業で対応していた業務の効率化、自動化がほとんどであった。たとえば、電卓の発明により数字の四則演算のスピードと精度を改善し、コンピュータの普及によりデータの処理能力や業務が大きく進化した。

しかし、現在我々が直面しているデジタル革命の質も活用方法もこれまでのものとはまったく違う。たとえば、既存事業のさらなる高度化はもちろんだが、今までにない新しい分野で新しいターゲット顧客に向けたビジネスモデルを確立することが、デジタルテクノロジーによって可能になっている。

つまり、デジタルテクノロジーのあらゆる可能性を見極めて、自社に合致する新しいビジネスモデルをいち早く見つければ、優位性を獲得し市場シェアの拡大や収益構造の改善につなげることができるチャンスにもなるということだ。逆にこの新しいトレンドを見逃す、あるいは、軽視した場合は、競争に負けてしまう事態に陥る可能性すらある。

デジタル・ビジョンの重要性は理解していただけたと思うが、どのようにデジタル・ビジョンを立案すればいいかについては、一律の解答は存在しない。自社がどこへ向かっていくべきかを見極め、ビジネスチャンスがどこにあるのか分析してはじめて、デジタル・ビジョンを描くことが可能になるのである。

デジタル・ビジョンを考える際に、手段としてどのように先進テクノロジーを駆使できるのかにとどまるのではなく、そもそも企業全体の体質もデジタル時代に沿うものに変革されていることが必要であることを忘れてはならない。

ビジネスモデルの見直し

デジタル時代を生き残る会社になるためには、どの顧客に対してどのような価値を創出、提供、確保するかという観点で、ビジネスモデルの持続可能性の検証にとどまらず、より適切なビジネスモデルが存在するかを検討しなければならない。これは経理財務部門にとっても対岸の火事ではなく、企業全体が顧客に最大の価値を提供するために、バックオフィスの代表格としての経理財務部門の役割は極めて需要である。

ビジネスモデルを見直す際のポイントを2つご紹介しよう。

ビジネスモデルの取捨選択

先に述べたデジタル・ビジョンに基づき、既存事業にとらわれないよう、現行の事業ポートフォリオを精査し、社会のデジタル化によって今後必要となるもの、および事業の見直しが必要となるものを峻別することがまずひとつ目のポイントである。

これまでは、事業ポートフォリオを精査する際に事業の弱みばかりに着目するという傾向が見受けられるが、実は自社の競争優位性をデジタル技術によってさらに際立たせることのほうが重要な場合もある。現在の優位性が将来にも持続可能かを見極めておかなければ、いつ競争に負けてしまうかわからない。しかし、今以上に優位性を固めておけば、将来も継続的に優位性を保持し続けられる可能性は高い。

一方、弱みの中にも影響が大きいものとそうでないものを峻別することは大切である。すべての短所を補強することが理想だが、影響がそれほど大きくないものは一旦対応を後ろ倒しにした上で、影響が大きいものは最優先で対応していくといった色分けをすることによって、限られた経営資源の中で重点的テーマを優先的に対応することができる。

このように、自社の事業ポートフォリオを整理した上で、将来的な成長の可能性がある分野を特定し、その分野のシェアを取るために必要なビジネスモデルを構築していく必要がある。経理財務部門の仕組みも、新しいビジネスモデルに対応できるものにしていく必要があることはいうまでもない。

柔軟な発想をもつ

従来、策定したロードマップや実行計画が策定された後は、特別な事情がない限り計画を変更することは一般的に行われていなかった。なぜなら、策定した計画は後戻りや修正が許されない前提での指針でもあり、プロジェクトのステークホルダー全員の合意をとっているものであるからだ。

一方、デジタル時代においては、企業の置かれる環境が常に変化しているため、一度定めた中長期のロードマップを定期的に新しい状況に応じて見直すことも必要である。

また自社単独で取り組む際は、周辺テクノロジーの急速な変化が起きるデジタル時代においてはますます現実的ではなくなっており、外部のビジネスパートナーとの提携を通じた相互補完体制は必須である。

このように、計画面・体制面双方で柔軟性をもたせた活動を推進していくことがポイントである。


以上、ビジネスモデルを見直しする際のポイントを説明してきたが、次に実行段階での押さえるべき着眼点を解説したいと思う。

ＫＰＭＧでは企業活動の変革に取り組む際に、ターゲットはオペレーティングモデル（Target Operating Model、通称ＴＯＭ）を活用して数多くの企業の変革支援を行っている。

ＴＯＭとは、グローバル企業の先進事例を集約し、「データ分析および業績評価」「業務プロセス」「デリバリーモデル設計」「人材」「テクノロジー」「ガバナンス」の6つの観点からオペレーションを整理体系化したモデルの総称である。

ＴＯＭを活用することで、網羅的に企業の活動を俯瞰、構造化した上で、企業の目指すべき姿を定義、現状との比較を通じギャップを見出して、その解消策を検討することができる。

ＴＯＭは経理財務部門のデジタル化を考える際にも有効な手法であり、本書では6つの観点から目指すべき方向性を提示する。

それでは6つの観点の目指すべき姿の概要から説明しよう。

①データ分析および業績評価

従来はスピーディに正確な財務実績情報を提供できることが高く評価されたが、今後はそれだけでなく、次のアクションにつながる情報提供や示唆を出せるかどうかがポイントになる。そのため、過去の実績数値を分析するだけではなく、社内外のデータを駆使して将来を予測し、業績向上やコスト削減のための施策まで提言できることが期待される。

②業務プロセス

特定の担当者に依存せず、効率的な標準プロセスで運用されていることが望ましいことはこれまでと同様であるが、デジタル技術を駆使し、組織の壁を越えプロセス全体を視野に入れて問題点を突き止め、新時代の業務プロセスを構築していく必要がある。

③デリバリーモデル設計

従来の経理財務部門におけるデリバリーモデル構築といえば、運営コストを削減する目的で定型業務をシェアードサービスセンター（ＳＳＣ）やアウトソースすることが主流であった。

しかし、今後はＲＰＡをはじめとするテクノロジーの進展にともない、定型業務のほとんどはロボットによって代替され、シェアードサービスやアウトソースのメリットは薄れていき、代わりに物理的な制約が軽減され、グローバルでの課題解決にいち早く対応できる組織横断で高度な専門業務を行う新世代のセンターオブエクセレンス（ＣｏＥ）の登場が期待される。

④**人材**

従来は経理財務に関する専門知識を重要視していたが、デジタル時代においては専門知識の他に、テクノロジーのリテラシーや戦略的な思考力を重視されるようになる。加えて、タレントマネジメントの観点からも、多様性のある価値観を尊重する等、今までと異なるマインドセットが必要である。

⑤**テクノロジー**

従来はグローバルに統合された基幹システムやＥＲＰを活用することが評価されていたが、現在のシステムが複雑なスクラッチシステムやＥＲＰの場合には、全社的に訪れる破壊的テクノロジーに備え、クラウド型のＥＲＰをはじめとした先進的なテクノロジー導入の検討を進めることが重要である。

⑥**ガバナンス**

従来は標準化された不正抑止のための体制整備が重要視されていたが、今後は、人間とデジタル技術の権限設定やシステム障害による影響やリスクを今まで以上に重要視する必要がある。

デジタル変革を進めるには、見直すべきテーマも多く、大胆な決断も迫られる上に、デジタル時代に見合った新しい考え方を取り入れ柔軟な発想で対応していくことが重要となる。このためにも、前述の６つの観点から目指すべき姿を意識する必要がある。次の節からこの６つの観点について詳細に説明する。

3　データ分析と業績評価

データ分析を高度化するには

デジタル時代に入り、従来の経理財務の業績分析レポートは、ビジネスの進化するスピードについていけなくなる、あるいは、求められる質（分析の精度や意思決定に対する支援できる度合い）に達していないなど、複数の課題に直面している。

経営管理情報の提供は、今後も経理財務部門の重要な業務であることには変わらないものの、これまでは過去に発生したデータについて「何が起こったのか？」という「事象分析」と、「なぜ起こったのか？」という診断的分析が中心であった。しかし、これから求められる情報

図表3－1　データ分析の成熟度

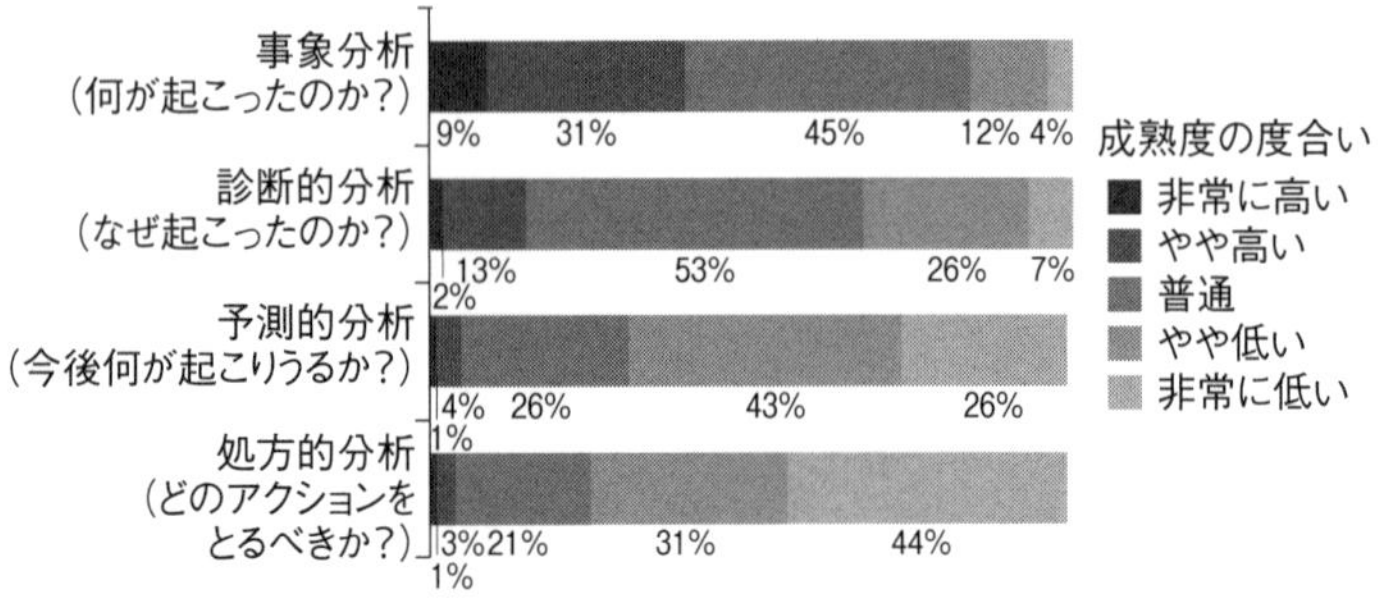

（出所）KPMGインターナショナル「1Q 2018 KPMG Global Insights Pulse Survey」Webcast（April 2018）
（注）四捨五入処理により合計値は100にならない場合がある

は「今後何が起こりうるか?」という「予測的分析」と、それについて「どのようなアクションをとるべきか?」という「処方的分析」である。

しかし、多くの企業は依然として単なる事象分析結果の提供、もしくは、原因の分析しかできていないケースが多く見受けられる。

図表3―1をご覧いただきたい。この図は、2018年にKPMGがグローバル企業の経営者を対象に行ったアンケート結果をまとめたもので、経理財務組織のデータ分析の成熟度を表している。この図を見ると、経理財務組織のデータ分析の成熟度は、「事象分析」と「診断的分析」の2項目では、「非常に高い」「やや高い」「普通」と回答した割合が60%以上を示すのに対して、「予測的分析」と「処方的分析」の2項目については、いずれも20~30%台となっていることがわかる。

図表３－２　データ分析ツールの変遷

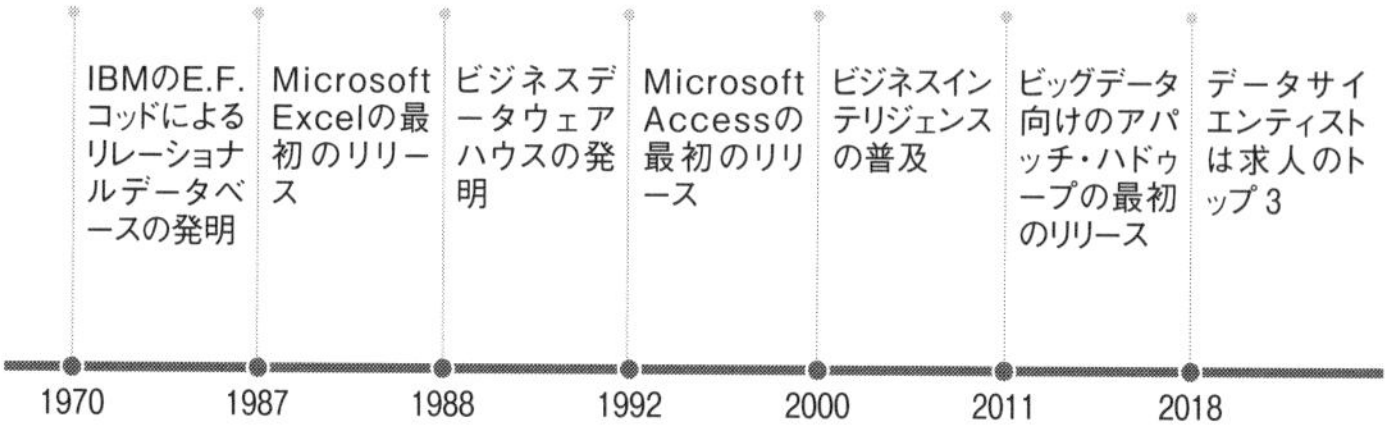

（出所）KPMG「DATA Management Digital Finance」より作成

昨今、ビッグデータといったテクノロジーが普及することによって、データの収集や蓄積が容易になっているが、一方で、そうして集めたデータを扱う人の分析の習熟度を上げていくことが課題になっている。

ところで、データ分析ツールはこれまでどのように進化してきたのだろうか、その変遷をたどってみたい。そこで図表3―2をご覧いただきたい。

1970年頃にIBMがデータベースを開発し、その後、マイクロソフトのエクセルやアクセスが誕生し、現在はビッグデータやデータサイエンティストといった言葉が登場している。1970年頃に企業や個人にコンピュータが普及し始めてから約50年の間に、データ分析ツールは驚くべき進化を遂げ、社会の仕組みも大きく変えてきたことがおわかりいただけるであろう。

しかし、データ分析ツールの進化の歴史をたどると、その時代の新しい分析ツールを自由に使いこなせる人は、常に限られていたことに気づく。たとえば、エクセルは、現在では業務で使用しないことは考えられないほど広く社会に浸透しているが、30年前にそのスキルをすでにもっていたという人は、ごくわずかだったことは容易に想像がつく。今でもエクセルを自由に使いこなす自信がないという人は案外多く、データ分析ツールを使う人のスキルがデータ分析ツールの進化に追いつくまでは、長い時間が必要ということがわかる。

では、ビッグデータが登場した２０１１年以降の進化はどうだろうか。現在では、新しいデータ分析ツールの誕生は十数年ではなく数年のサイクルに短縮されている。データ分析ツールの進化のスピードが上がっている中、それを使う人のスキルの進化もそのスピードも、同様に上がっていくことが理想ではある。しかし、データ分析ツールと人のスキルの進化は、徐々に差が広がってきているのが現実である。

近年、高度なデータ解析スキルをもつ人材を確保しようとする競争は激化しており、２０１９年には日本の大手製造業が新卒採用の研究職の年収は１０００万円を超える可能性があると発表している。

このように、近年のデータ分析ツールの進化は目覚ましく、それを扱う人のスキルと習熟度を上げることが喫緊の課題になっている中、最先端のデータ分析ツールを用いて経理財務の業務高度化に取り組んでいる先進的な企業も登場している。

図表３―３をご覧いただきたい。この図では、各業界で実用化が進む最新のデータ分析項目

図表3－3　処方的分析の実例

	業種／機能	データ分析の応用例
業種	製造業	製造プロセス効率化、スマートファクトリー、不具合予測、需要予測等
	運送業	最適な流通ルートの予測等
	金融業・保険業	資金需要解析、リスクアセスメント、マネーロンダリングなどの不正解析等
	卸売業・小売業	販促支援、需要予測、在庫最適化、店舗レイアウトの配置等
	農林水産業	スマート農業、スマート畜産、スマート漁業
機能	購買	市況や競合データを活用した需要予測等
	生産	IoTから獲得したデータを活用した歩留まり改善等
	営業	販売員の行動や販売チャネルのデータを活用した拡販への実現等
	経理財務	精度の高い予算立案、リアルタイムでの実績分析、意思決定支援等

（出所）KPMGコンサルティング

の例が示されている。これまで、経理財務部門には、意思決定に役立つ情報を提供する重要な役割が求められるようになると説明してきたが、一部の先進的な取り組みを進める企業では、経理財務組織の高度化にすでに着手しており、先進的な企業とそうでない企業との間で格差も広がっていくことが予想される。

では、どうすれば高度なデータ分析を行う経理財務組織へと変わっていけるのだろうか。そこで、多くの企業で活用しているＰＤＣＡのコンセプトを用いて、経理財務のデータ分析について業務を高度化していくためのポイントを整理したいと思う。

まず、デジタル時代においても、ＰＤＣＡのコンセプトは有効な手法ではあるだろう。しかし、ＰＤＣＡのサイクルが短縮されるほか、発想の転換も必要になるため、これまでのＰＤＣＡとまったく同じやり方ではないことは前提としておきたい。また、データ処理能力の向上により、ひとつのＰＤＣＡサイクルだけではなく、複数のＰＤＣＡサイクルを同時かつ高速に実行することも重要である。将来はデジタルツイン[3]にてシミュレーションを行い、より精度の高い予測数値を見ながらＰＤＣＡを実行することができ、経営の意思決定に役立つ判断材料を提供できるようになる。

では、経理財務部門において高度なデータ分析ツールを活用した場合、ＰＤＣＡの各ステップにおいて、どのような点に注意して取り組んでいく必要があるか見ていきたい。

ＰＬＡＮ（計画）

まず、経理財務におけるＰＬＡＮでもっとも重要な役割は、中期経営計画、短期経営計画、予算などの立案があげられる。これからは、過去の社内財務数値を参照するだけではなく、社外のマーケット動向や競合のデータを総合的に考慮した上で、より現実に近い目標を設定することが必要になる。

また、現状では計画立案時にデータを収集した後は、マニュアルによるチェック作業が介入していたため計画確定までに時間がかかっていた。しかし、今後は広範に蓄積されたデータから高度なデータ分析ツールを駆使し、データ収集から計画確定まで短時間にできるようになり、計画立案の時間を大幅に短縮していくことが可能になる。

DO（実行）

データ分析ツールを活用すれば、経営層は経営成績を確認し判断を行う際、過去の実績だけでなく、リアルタイムの最新情報からも経営判断ができるようになる。たとえば、資金繰りについて、不足分が予測されると同時にアラートを自動的に提示してくれる仕組みを構築すれば、効率よくリスクを回避することができるようになる。その結果、経理財務組織で働く社員は、財務数値から読み取れる課題の分析に集中し、ビジネスユニットと連携した意思決定を支援することが可能になる。

今まで経理財務の社員は多大な時間を費やして日々のルーチンワークを行っていたが、付加

（3）デジタルツインとはデジタルデータをもとに物理的な製品をサイバー空間上で仮想的に複製し、将来発生する事象をデジタルの仮想世界で予測することが可能になる先進的なシミュレーション技術である。製品・サービスのバリューチェーン全体を通じて高い付加価値が適用されると期待されている。

価値の高い課題解決、たとえば、利益目標未達の原因特定や資金不足アラートの根本要因の検討などに注力していく体制づくりが重要になる。

CHECK（チェック）

各種施策が想定通りの効果をもたらしたかどうかを把握する際、今でも損益計算書の予実分析を活用している企業が多い。しかし、データ分析ツールを活用すれば、今後は月次や四半期という決まった区切りではなく、いつでも計画と実績の差異分析ができ、差異の原因を特定し対策まで提案することも可能になる。すでにＥＲＰベンダー企業が不正検知モジュールを製品としてリリースしているが、日々の取引における異常値検知にデータ分析を活用し、網羅的な不正検知や、リアルタイムの予実分析を実現する仕組みづくりが重要となる。

ACTION（改善）

意思決定に役立つ情報とは、次のアクションにつながる実践的な情報でなくてはならないが、これからの経理財務部門には、各種施策がなぜ上手くいかなかったのか、原因を特定し、どういった対応措置を講ずればよいかを提案することが期待される。

また、これまでの各種施策が順調に推移した場合でも、今後も継続する価値があるかどうか分析する必要がある。データ分析ツールを用いれば、今までできなかったより精緻な分析が可能になるため、より実践的な示唆を出すことが重要になる。

データ分析・業績評価における成功要因とは

この節の終わりに、高度なデータ分析と経営情報を提供するための成功要因をいくつかご紹介したい。

広範なデータを取り入れること

ひとつ目は、データ収集の範囲と分析対象の範囲を広げることがあげられる。高度なデータ分析を実現するには、分析のソースとなるデータから見直すことが重要である。取り込むデータの範囲を広げるだけでなく、スピーディなデータの収集、データの精度がカギとなる。将来のマクロ市況、市場動向、競合データだけでなく、事業の将来予測に活用できるデータについて、利用可否を判断しながら取り入れていく必要がある。

たとえば、ある電力小売事業者は、気象データや地域ごとの住居、商業施設などの建物の用途情報、スマートメーターから入手できる時間ごとの電気消費量のデータなどをもとに、電力の需給予測や料金プランの改定などにつなげることで、サービス向上と企業の業績向上に貢献した事例もある。

テクノロジーが扱うデータの種類・量・頻度を拡大させることで、経理財務部門が提供できる分析結果、導き出せるアドバイスは格段に向上し、経営判断や新たなビジネスサービスの創出に寄与することができる。

逆算的な考え方をもつこと

2つ目の成功要因は、どのデータが必要か、どこからデータを入手するか、どのテクノロジーが必要か、どのスキルの人材が必要かを逆算してスタートさせることがあげられる。

これは一見すると、広範なデータを取り入れることと矛盾するように思われるが、広範なデータを取り入れることの要点は、今まで収集できないと思われていたデータもテクノロジーの進化により収集可能になっている可能性があるため、データ収集の範囲をあらためて見直すことが重要、ということにある。

一方、逆算的な考え方をするということの要点は、自社の事業において具体的にどのようなデータを収集すべきか、先進的なテクノロジーでどのような分析をすべきか仮説を立て、ふさわしい情報を定義していくことにある。デジタル化により、多くのデータを収集できるようになったとはいえ、やみくもにデータを収集することはよいとはいえない。また、部門の枠に捉われず、経理財務部門では入手していないデータでも他部門では有用な情報を保持している可能性は大いにあり、それらを組み合わせて活用することも検討していくべきである。

アプローチを複数用意する

３つ目の成功要因は、データ分析ツールを導入するまでのアプローチを複数用意することである。高度なデータ分析を可能にするためには、数年をかけて取り組む長期案件と、短期間で取り組む案件の2つのパターンに分けることが大切である。データ分析を高度化するには、本来は全社的な取り組みとして、中長期のロードマップにしたがって進めていくことが重要になる。数年をかけてデータ分析ツールの完成度を高めていくことは、途中、経営層からの期待に応えられないことや、プロジェクトの長期化によって、現場の疲弊を招く可能性がある場合もある。

こういった場合は、たとえば達成目標を細分化した上で、短期間で構築が可能なレポーティングツールを導入し（Start Small）、問題がないことが確認された後に最終目標であるデータ分析ツールへ移行する、というやり方もあることを認識すべきである。

昨今のＥＰＭツールやＢＩツールは非常に完成度が高くなっており、短期間での構築が可能であるとともに、部分的導入など柔軟な対応も可能なため、ツールの導入を足掛かりに、徐々に高度化を進めていくというやり方も考えられる。

せっかくデータ分析の高度化に取り組んだにもかかわらず、目標となる分析ツールの構築にすぐに着手しないというのは、一見遠回りのように見える。過去の日本企業のこの種の取り組みは我々から見ると、「見える化が先か、分析が先か」といったような議論になりプロジェクトのスタート段階で混乱を招くケースが多い。こうしたことからも着実に歩みを進めるために、あえて二段階のアプローチにすることも、成功要因となる。

4 業務プロセス

多くの場合、これまでの業務プロセス改善は、分断された機能別組織のニーズによって実行されるため、改善施策の部分最適化を助長しており、必ずしも全社視点で業務を効率化するための施策が打たれてきたとはいい難い。しかしこれからはプロセス全体を俯瞰して、Think Bigで業務をとらえて業務プロセスを変革していくことが求められる。これによりさらに効果的な破壊的テクノロジーの活用が可能となり、飛躍的に業務スピードと品質の向上につなげることができる。部門ごとの機能を重視するのではなく、組織を横断的なエンドツーエンドのプロセス変革が求められる。

組織の壁を越えたプロセスの構築

エンドツーエンドプロセスとは、企業活動における取引の発生から記帳、入出金までの一連のプロセスを総称したものである。たとえば「商品や原材料を発注してから代金を支払うまでのプロセス」「受注してから入金までのプロセス」「固定資産購入から除却までのプロセス」などがあり、これらのプロセスは、いくつもの部門が連携を取りながら進めている。

これに対し、前述の通り組織は機能ごと（経理部、営業部、資材部等）に分けられており、プロセス全体を見る役割が設けられていない場合が多い。

図表3―4をご覧いただきたい。この図にあるように業務プロセスと組織が縦と横のマトリクスになっている場合、部門内、すなわち縦軸にフォーカスした業務効率性を考えることは得意であるものの、業務プロセス全体を通した最適化、すなわち横軸の観点は置きざりにされることも多い。業務効率化に取り組んだ際に他部門との調整がうまく進まない、あるいは、他部門で進めている業務効率化の取り組みに逆に巻き込まれて苦労をした経験も多いのではないだろうか。

図表3－4　業務プロセスと組織の関係図

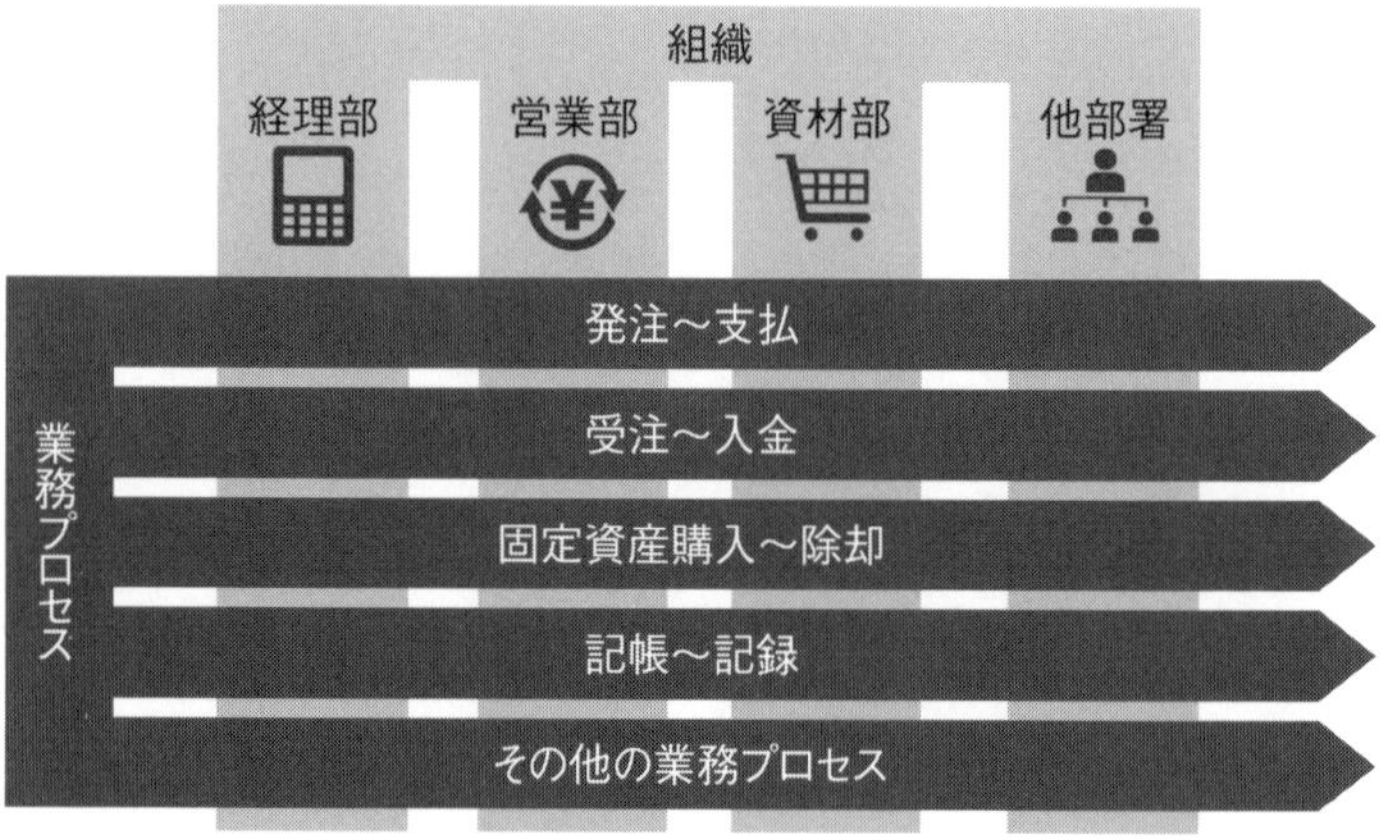

（出所）KPMGコンサルティング

また、これまでテクノロジーを導入する際にも、縦軸の部門ごとに検討して稟議を進めることが一般的であったが、今後デジタル時代を勝ち抜くためには、縦軸の部門の視点だけではなく、横軸のエンドツーエンドプロセスの視点も取り入れる必要がある。なぜなら、各部門の個別最適を集積したこれまでの仕組みや既存システムは、他部門との連動性や可用性が低く、横軸に既存の仕組みやシステムの範囲を拡張することが必ずしも最適解にならないからである。他方、横軸のエンドツーエンドプロセスで部門の壁を越えて取り組むことで、各部門が保有するデータを連携させ、データの因果関係や課題の分析が容易になる。

このようなエンドツーエンドのデジタル変革を進める際に必要となるのは、業務プロセスを横断して効率化に取り組むプロセスオーナーや前述のデジタル推進の役割である。こうした人たちの活躍により、今まで多くの企業が課題としてきた組織間のコミュニケーション不足の問題は緩和されるだろう。

しかし、ここで注意しなくてはいけないのは、プロセスオーナーは部門間の調整役だけではなく、デジタル時代に即した新しい業務プロセスを構築する役割をもつということである。既成概念に縛られず、ゼロベースで考え、破壊的テクノロジーの進化と、中長期のロードマップで策定した目標を見据えながら、将来の業務プロセスをつくり上げることが重要である。

デジタル化に対応した業務プロセス構築の成功要因とは

ここまで、デジタル時代に即した業務プロセスを構築するには、プロセスオーナーの役割を再徹底することが重要と説明してきたが、それだけではデジタル変革を成功に導くことは難しい。では、具体的に、どういったところがポイントになるのか、成功要因を整理しよう。

まずひとつ目の成功要因は、業務プロセスの標準化と、最終的な業務プロセスへの移行を段階的に進めていくことがあげられる。業務の標準化、すなわち例外的な業務を極力削減することは、多くの企業がこれまで取り組んできたテーマだ。デジタル変革に必要なのは、「全社的な視点」での標準化である。もちろん、現状の業務プロセスから、ＲＰＡやＡＩといったデジタル技術を活用したプロセスへ段階を踏まずに直接移行することも可能ではあるが、標準プロセスでは対応できない例外業務を多く残した状態では、業務を自動化できる範囲が限られてしまい、デジタル技術の効果を最大化することはできないだろう。

そのため、全社視点で将来の業務プロセスを検討しながら、既存業務プロセスの標準化に取り組むことが重要となる。

2つ目は、業務のムダを省き、よりシンプルな手順で業務を行うことができるような工夫があげられる。RPAやAIは膨大なデータを扱うことを得意としているものの、扱うデータが増えてしまうと、データを管理するコストも同時に増やすことになる。RPAやAIが自動で業務を行うのだからデータが増えてもかまわない、と考えるのではなく、効率化と簡素化の視点をもって業務プロセスを構築していくことが重要である。

3つ目の成功要因は、標準化できなかった例外的な業務プロセスに対応するために個別のデジタル開発を進めるべきか検討することである。ここで取り上げている例外的な業務プロセスとは、個別に人の判断する必要がない定型業務ではあるものの、標準的な請求書支払業務や受注業務とは異なるプロセスで進めなくてはいけない業務を指す。簡単にいえば、業務の難易度は高くないが処理が面倒な業務のことである。

ひとつ目の成功要因でも説明した通り、すべての業務を標準プロセスで処理できるようになることが最も望ましいが、取引先の事情など、どうしても例外的な対応を残さざるを得ないケースもあるだろう。そのような場合、現在の例外的な業務には、今後も継続的に対応していく必要があり、このような業務に対応するリソースも確保しておかなくてはいけないことを意味している。しかし、これからの経理財務組織に求められる役割は、意思決定にかかわる情報提供と次のアクションにつながる示唆を出すことができることであるにもかかわらず、例外的な業務が残ることにより、より付加価値の高い業務にあてるリソースが少なくなってしまう可能性もある。

これを回避するために、例外的な業務プロセスにもデジタル技術を用い、業務の自動化を図ることができれば理想的だが、例外的な業務のために個別の技術開発を行う場合は、費用対効果を意識して進める必要がある。

以上のように、全社的な取り組みとして業務プロセスを標準化、簡素化した上で、ＲＰＡやＡＩを導入し業務自動化を実現することが理想ではあるが、実際にはどうしても自動化できない業務が残ってしまう場合もあるだろう。そのような場合に、デジタル技術を活用することで業務の自動化の範囲を広げるのか、それとも、デジタル技術を活用せずこれまでの業務を残すのかは、１つひとつ検討していかなくてはならない。

特にＲＰＡは高齢化の進展にともなう人材不足の課題に直面する日本では働き方改革の面において有効である。一方で前述の通り、部分最適でＲＰＡ導入を進めると限定的な効果しか得られず、投資対効果という観点で期待された果実が得られないという声をよく聞く。

日本企業はこれまでも業務改善活動に積極的に取り組んでおり、従来の手法による効率化は限界にきている。また業務の標準化は求められているが、現場は独自業務にこだわりがあることも多く、標準化できていない部分も多く見られる。

第2章のインテリジェント・オートメーションの説明があったように、ＲＰＡは標準化されていない業務をそのまま自動化しても効率化はできるが、標準化された業務に対して活用したほうがより低コストで効果を得られる。ＲＰＡの活用は有効な手段であるが、全社最適の視点で徹底した自動化を推進する前提で、業務の標準化ができているかということを再検討すべきではないだろうか。

5 デリバリーモデル設計

ここからは、デジタル変革の実行段階で「業務設計」を進める際のポイントを解説していこう。解説に進む前に、「サービスデリバリーモデル（以降、ＳＤＭ）」という言葉について補足しておきたい。サービスデリバリーモデルとは、現状の組織や業務遂行の場所などの制約をリセットし、原点に立ち返り、企業として本来必要な機能を可視化した上で、その機能を満たすための業務提供形態、要員配置、ロケーション、インフラなど一連の全体像を指す。

経理財務部門におけるＳＤＭや業務の制度設計のコンセプトは、テクノロジーの進化や時代の変化とともに変遷してきている。ここ10年間の経理財務部門におけるトレンドは、国内外に経理財務の一部の業務を担うための新たな拠点を設けるシェアードサービスセンターや、業務の一部を外部企業に委託するアウトソーシングが中心であった。このような労働集約型の業務モデルを採用し、国内外に労働拠点を移管あるいは設立することにより、人件費の削減と業務の品質向上に取り組む企業が多かったが、過去3年間でこのような業務モデルを導入する事例は顕著に減少している。

その理由は大きく2つある。ひとつの理由はコスト削減の恩恵が少なくなっていることだ。テクノロジーの進化により地理的な制約が薄れる一方で、中国やインドを中心とした主なオフショア拠点の人件費の高騰により、コスト削減の恩恵が少なくなっていることがあげられる。

もうひとつの理由は、情報漏えいリスクの高まりである。サイバー攻撃による情報漏えいのリスクはこれまでにないほどに急速に高まっており、業務を国外に移管するオフショアや、外部委託の活用に消極的な企業も多くなっている。

では、デジタル時代の経理財務のＳＤＭとは、どのようなモデルに変わっていくのだろうか。ＫＰＭＧでは、これからの経理財務におけるＳＤＭは「デジタルとの共存」がキーワードになっていくと考えている。

近年、デジタルレイバーという新しい言葉も登場しているが、デジタルレイバーとはホワイトカラーが行ってきた定型業務を自動化するソフトウェアロボットのことを意味し、これまで本書で何度も登場したＲＰＡやＡＩもデジタルレイバーの一種である。

将来の経理財務部門は、デジタルレイバーとの共生を前提にし、人とデジタルレイバーが互いの不足を補い合うような姿になっていくと考えている。

図表3―5をご覧いただきたい。１９９０年代に登場したシェアードサービスセンター、２０００年代に登場したマルチソーシングは、既存の業務を国内外へ移管、あるいは外部企業へ委託する構造上の変革が中心となっていたものの、２０１０年代からは、経理財務の業務高度化へと意識が変わってきていることがわかるだろう。そして、２０２０年以降、業務高度化はもちろんのこと、デジタルレイバーと人が共生する業務モデルがトレンドになっていくことが

図表3－5　経理財務のトレンドの変遷

1990年代	2000年代	2010年以降	2020年以降
シェアードサービス	マルチソーシング	統合型SDMs*	デジタルでつながるSDMs
―トランザクションプロセスに重点が置かれる ―コアサービスの社内統合が進む（主に地域単位） ―グローバルで展開する事業者の活用が進む	―ニアショアやCoE*という考え方が登場 ―ニッチなサービスを提供するベンダーも登場 ―マルチベンダーの活用が主流に *CoE＝センターオブエクセレンス	―統合／多機能のSDMs*が主流 ―低負荷価値の業務は外部委託に ―分析や判断、専門家サービスなどに注目が集まる *SDMs＝サービスデリバリーモデル	―テクノロジーがSDMsを変革する ―可用性の高いデータを利活用する時代へ ―仮想化されたサービス提供が主流に ―サービスの提供範囲はフロント、バック、ミドルすべてに ―複雑なプロセスや業務にも対応することが可能に

（出所）KPMG「Future of Finance――Service Delivery Model Module」より作成

予想されている。

米国の調査会社フォレスター・リサーチ社の調査によると、２０２７年までに、米国の労働者のうち９８０万人が業務の自動化により職を失うとされている。これは米国の２０１８年の労働人口（１億６２００万人）の約６％を占める。

しかし、デジタルレイバーにも弱点はある。たとえば、デジタルレイバーは意思決定ができない、もしくは意思決定できるものの責任の所在があいまいであるという点である。この問題に対処するために、人とデジタルレイバーが互いに不足を補完する関係を築いていくことが重要になる。そして、デジタルレイバーを上手く活用すれば、これまで人が担っていた業務の大半をデジタルレイバーで置き換えることができ、削減された工数は新たな付加価値を提供する業務に活かすことができる。高度な業績分析や他部門との密接な連携による事業推進などはその一例であろう。

また、米国のデル・テクノロジーズ社が２０１７年に実施した調査によると、２０３０年時点で存在すると予想される業務の85％は、現時点で存在していない業務であると発表している。

バーチャルCoEと新世代CoE

話を経理財務のSDMに戻そう。将来の経理財務のSDMは「デジタルとの共存」がキーワードになると先に述べたが、デジタルレイバーとの共生を想定した業務モデルとは具体的にどのような姿なのだろうか。

KPMGは、将来の経理財務のSDMは、「バーチャルCoE」「新世代CoE」という2つのモデルへと変化していくと想定している。では、この2つがそれぞれどのような業務モデルなのかくわしく説明していこう。

まず、バーチャルCoEとは、従来までのCoEが対象としてきた定型業務を扱う点で変更はないが、複数の地域をまたいだ組織が設立されるという点でこれまでとは異なる業務モデルである。

これまでは、CoEを設立する際、CoEをどのロケーションに設立すべきか重要視されていたが、バーチャルＣｏＥでは設立するのは実際の拠点ではなくバーチャル上の組織のため、立地による制約はなくなる。そのため、働く人の場所の制限がなくなり、国境を越えて組織をつくることも可能になる。もちろん、言語や商慣行の違いなど共通化を阻む壁はあるものの、こうした制約条件もテクノロジーの進歩とともに阻害要因ではなくなり、グローバルレベルでのバーチャルＣｏＥが構えられるようになる可能性もある。

また、バーチャルＣｏＥの業務設計はエンドツーエンドのプロセス設計に基づき、プロセスオーナーを中心に業務が遂行されることを前提としている。このエンドツーエンドプロセスにおいて、１つひとつの業務の処理はデジタルレイバーが行い、その管理を人間が担う関係性が、バーチャルＣｏＥの姿である。コミュニケーションにおいては、バーチャルアシスタントやチャットボットなどを組み合わせることにより、デジタルレイバーが業務上の問い合わせ対応等にも対応していくことが可能となる。そのため、人によるコミュニケーションは、主に異常値が発生した場合や例外対応が主なケースとなる。

図表３―６のように、これまで人が行っていた業務のほとんどはデジタルレイバーに置き換わるだけでなく、今まで当たり前のように同じ拠点で働いていた人も、これからは異なる拠点でバーチャルな組織で業務を行っている可能性もあるだろう。

そしてもうひとつの業務モデルである新世代ＣｏＥとは、経営に関するアドバイザリーや新

図表3－6　次世代ファイナンスにおける定型業務の業務設計

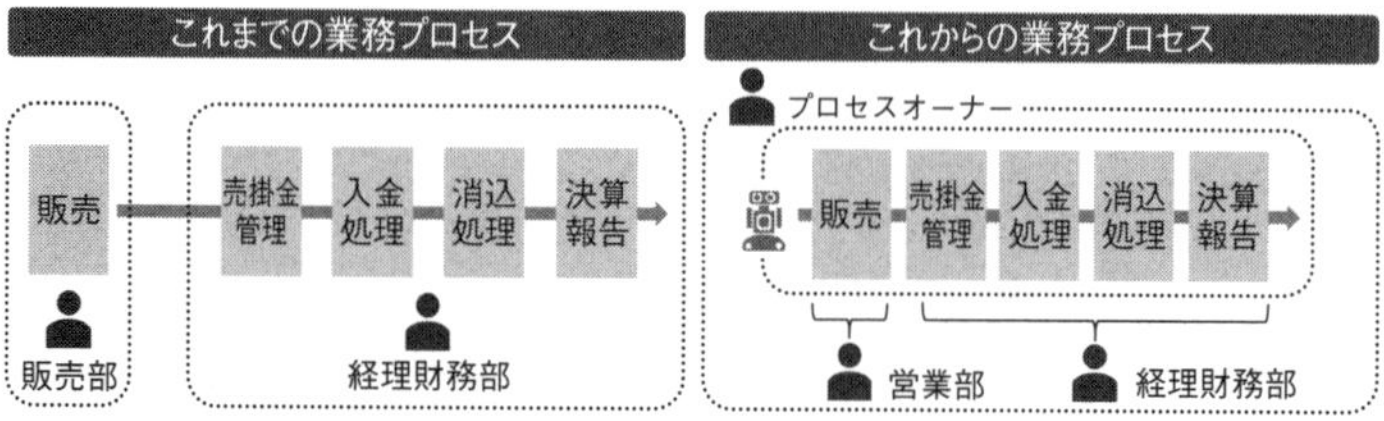

✓　業務設計はどう変わるのか?

人の役割	伝票入力、各種承認、異常値チェック	異常値チェック
デジタルレイバーの役割	—	伝票入力、各種承認
業務設計	部門ごと	エンドツーエンドのプロセスごと

（出所）KPMGコンサルティング

しいテクノロジー導入の提案、国際税務戦略の立案・検討など、高度で専門的なスキルを必要とする業務を行い、集約された組織が設立されるモデルである。特定の場所に集約する理由は2つある。

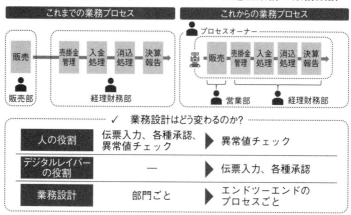

ひとつは関係者との連携効率の向上である。グローバル経営を実践していく上で、税務や会計基準など各種の重要な制度変更に対して各地域で対応するためには、いち早く本社側で状況を把握し、現地に的確な指示を出した後は各地に実行権限が委譲される必要がある。また意思決定のスピード向上のため、専門知識をもつ集団が経営層とのスピーディな連携を可能とする物理的な距離の近さも鍵である。

もうひとつはコスト効果である。高度な業務に対応するためには、特定の場所へ組織を集約

図表3－7　新世代CoEを実現する人員体制

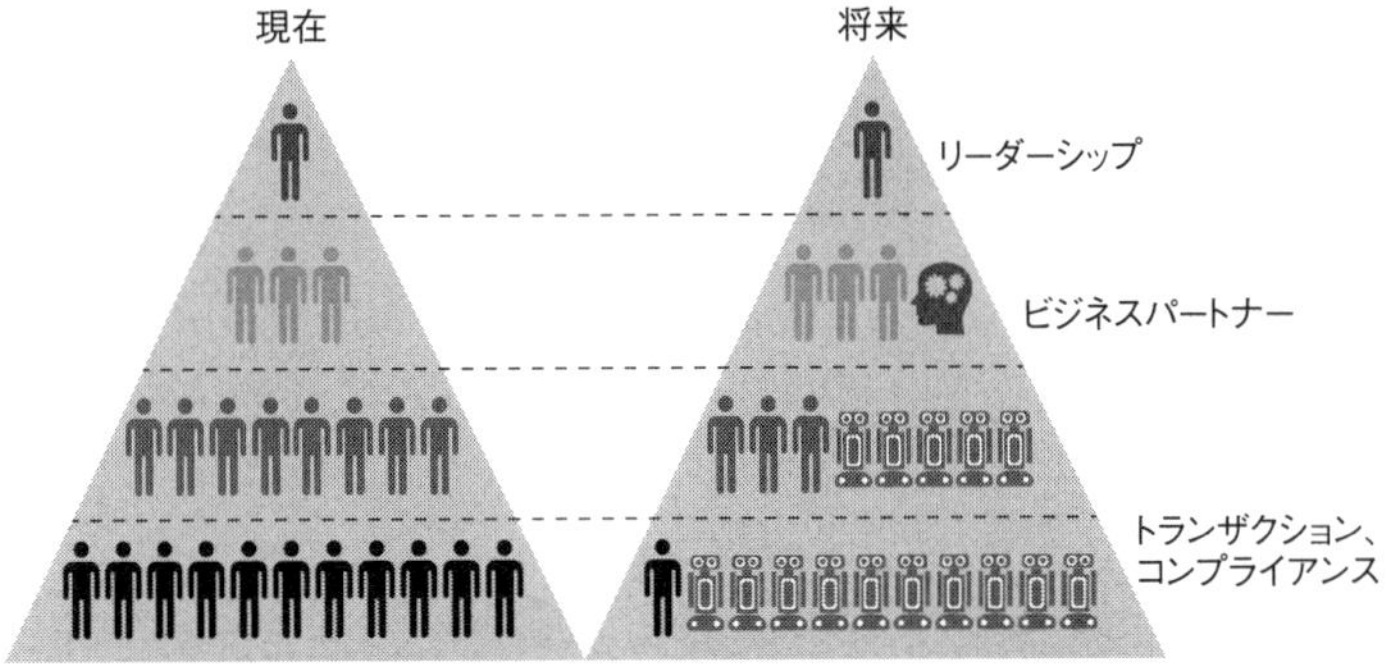

—自動化の進展により、経理財務部門の人員は少なくなり、組織階層や働く場所も大きく変化
—トランザクションの実行者や承認者の役割と権限はプロセスオーナーに移管
—高度な分析を通じたインサイトの提供など、ビジネスパートナーとしての役割が増加
—進化を続けるデジタルレイバーと人間が共生

（出所）KPMG「Future of Finance——Service Delivery Model Module」より作成

させるメリットは、コスト負担を下げることだけではなく、コグニティブコンピューティングを使いこなすハイスキルな人材間でのコミュニケーションの活性化など、シナジー効果を生むことも期待できる。

また、図表3－7にあるように、新世代ＣｏＥのモデルでは、経理財務部門に必要となる人員は大幅に削減されることになる。バーチャルＣｏＥと異なり、デジタルレイバーに高度な分析や情報処理を行わせるための高度な数学的、経営的な素養も必要とされる。新世代ＣｏＥにおいては、人とデジタルレイバーがシナジー効果を発揮していくことが重要になる。

SDM構築における成功要因とは

これからのSDMの構築は、デジタルレイバーと人の強みや弱み、特長などを十分に加味して設計していく必要がある。

たとえば、RPAは定型業務に強くコストも高くないものの、不備のないプロセス定義をしておかないとうまく機能しないという弱点もある。また、コグニティブ・コンピューティングは非定型業務に強いものの、大量のディープラーニングの必要性や定着まで時間がかかるといった課題もある。

定型業務の業務設計においては、エンドツーエンドの一貫したプロセスを軸としつつ、自社がフォーカスしたいコスト、サービスの質、言語対応などの点を勘案し、人間とデジタルレイバーの役割分担を明確にすることが重要である。

その際のポイントは、実現可能なサービスレベルを設定することである。たとえば、入金の消込処理を自動化する際に、あらゆる入金消込のシナリオを自動化しようとすれば、非常に複雑な業務設計が必要となり、結果として開発期間の長期化やメンテナンス不全に陥るといった事態が起こり得る。ある程度の無駄や例外を許容しつつ、共通化できるプロセスはまとめる等、メリハリの利いた切り分けを行うことが実現可能性を高めるコツである。

デジタルレイバーと人間の役割分担を明確にする上では、デジタルレイバーに過度な期待を抱かないことである。あらゆる実行権限をデジタルレイバーに与えた場合、従事していた要員を減らすことが可能であるが、業務そのものに対するガバナンスが機能しなくなる恐れがある。ある一定金額を超える承認はデジタルレイバーではなく、あえて人間が行うことでリスクを分散化するなど、効率的な業務設計だけではなく、人間が果たすべき役割の再考も必要である。

6 変革を求められるタレントマネジメント

第2章で述べた「スキル・タレントマネジメント」では、経理財務部門として求められる役割を果たすために必要なスキルや、スキルをもつ人材を確保・維持する施策を述べてきた。

経理財務部門の管理職が、この取り組みを主導する中心人物であることはいうまでもないが、こうした変革を進める際に、どのようなことに留意すれば変革を実現できるのか、具体的なイメージをもてない方も多いのではないだろうか。

本章では管理職の立場に立ち、経理財務部門全体の変革を進めるにあたって同時に考慮すべきタレントマネジメントに焦点を当てて解説をしていく。

管理職が心得るべき3つの要点

経済産業省が発表した「ダイバーシティ2・0　行動ガイドライン」では、「多様な属性の違いを活かし、個々の人材の能力を最大限引き出すことにより、付加価値を生み出し続ける企業を目指して、全社的かつ継続的に進めていく経営上の取組」を企業に推奨している。

こうした政府の動きに対応するため、女性、障がい者、ＬＧＢＴといった多様な人材を尊重するダイバーシティマネジメントに全社的に取り組んでいる企業も多いのではないだろうか。

このように人材の多様性への社会的な関心が高まる中、経理財務部門の人材も、多様な価値観に対応したマネジメントにステップアップしていかなければならない。では、どのような取り組みが必要なのだろうか。

多様化に対応したマネジメントを行うためには、「個人の価値観の理解と受容」「公平な組織環境の整備」「個人への価値提供」の3つについて取り組まなければならない。図表3―8にあるように、これからの管理職の役割は、部下を指導し評価する関係性だけでなく、部下が働きやすい環境を整備し、個人と組織のパフォーマンスを最大化するための役割も重要になってくる。それでは、管理職が取り組むべき3つの要点について、もう少しくわしく解説をしてい

図表3－8　タレントマネジメント

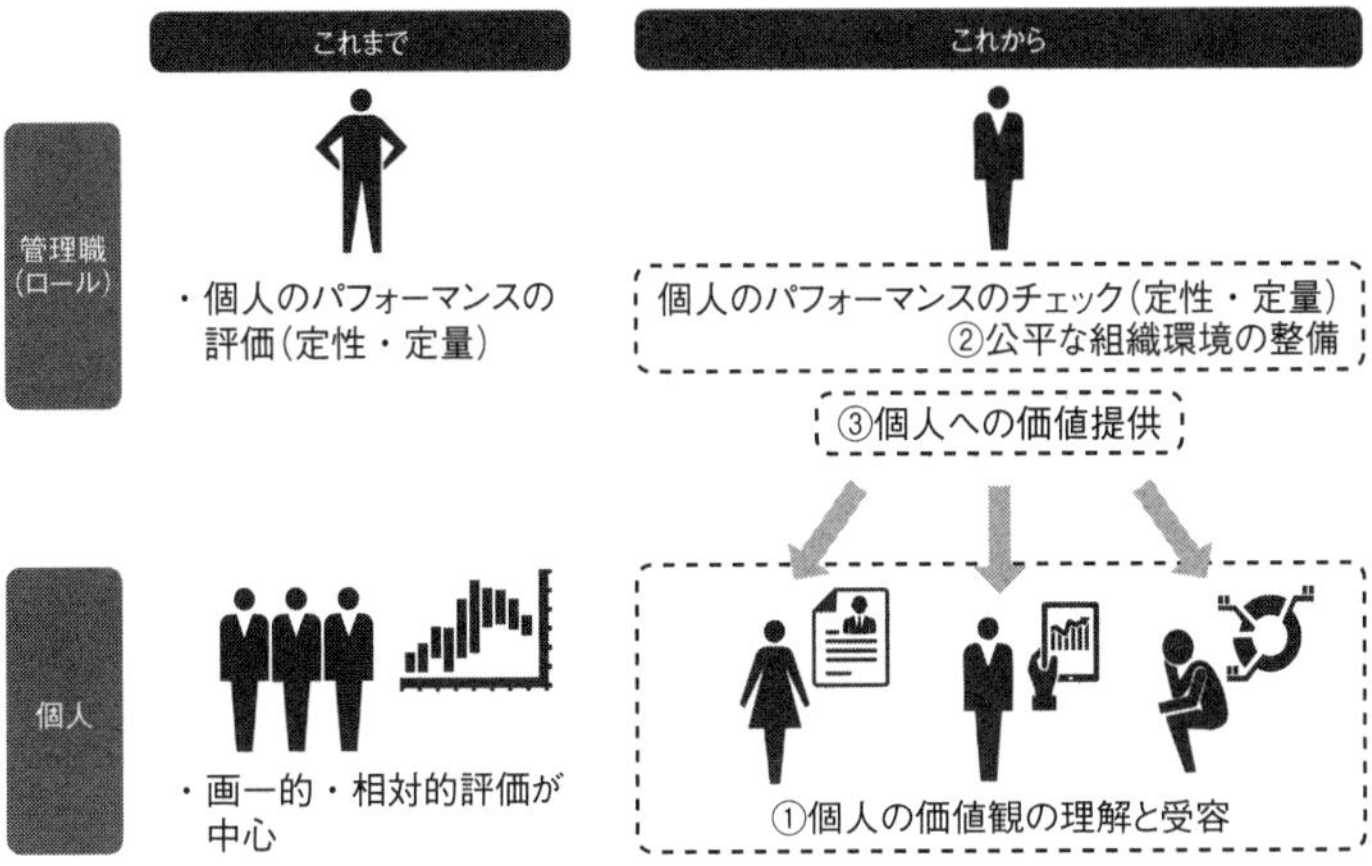

(出所) KPMGコンサルティング

こう。

個人の価値観の理解と受容

最近は、多様な人材が集まることで、イノベーションがもたらされ、企業の価値向上にもつながるといわれている。今後の経理財務部門にも、データサイエンティストやビジネスプランニングアナリスト、ロボティクスの専門家など、これまで採用の候補に上がらなかった人材や専門家が増えていくことが予想されている。このため、こうした職種の広がりとともに仕事に対する価値観、仕事の進め方なども、これまでになかった考え方が入ってくることになる。それぞれがもつスキルやバックグラウンドが異なる人が、互いに協力して目的を果たしていくことは、けっして簡単なことではない。

たとえば、システム部門と経理財務部門がシステム導入を協力して進めていく際、互いが多少なりともシステムや会計の知識を持ち合わせていなければ、建設的な議論を進めることは難しいだろう。このように、異なるバックグラウンドをもつ者同士が一緒に働くためには、互いの仕事を理解し、相手が理解しやすい言葉を使って会話をするなど、相手を理解し受容する姿勢は非常に重要になる。

また、個人の価値観、仕事の進め方、それぞれが置かれている状況などを理解せず、仕事を進めていくことには別のリスクも潜んでいる。今後経理財務の組織は、これまでのピラミッド型の構造ではなく、互いが高度な専門領域をもつプロフェッショナルが集まる少数精鋭のフラットな組織に変わっていくと解説してきた。このような組織において、1人ひとりがもつ強みを最大限活用することは重要ではあるものの、その人しか理解できない領域をつくることは、かえって業務の属人化を引き起こす可能性もある。そのため、たとえば経営管理の担当がデータサイエンティストの仕事をある程度知ろうとするような理解と受容の姿勢をもつことは重要である。

これからグローバル化がさらに進めば、互いの専門性だけでなく、文化や習慣、言語の違いを発端とした価値観のズレに直面する機会もさらに増えていくことになり、部門で働く人が理解と受容の姿勢をもつよう管理職が導いていくことは大切なことである。

さらに、スキル、価値観、文化、慣習の観点だけでなく、社会的な課題がタレントマネジメントにも大きな影響を与えている。内閣府の調査によると、１９９７年以降、共働き世帯数は、男性雇用者と専業主婦からなる世帯数を超え、産後も働き続けられる環境づくりや社内制度の整備は、今や企業が本腰を入れて取り組まなくてはいけない課題のひとつになっている。

しかし、社会インフラの整備が追いつかず、共働き世帯にとって働きやすい環境づくりは、まだ発展途上といわざるを得ない。また、高齢化が進む社会において、介護の問題も無視できない。介護を理由にした休職や、時間短縮勤務という働き方も自由に選択できるような仕組みづくりと、社員1人ひとりが個人の事情を理解することも必要である。

このように、これからの管理職にとっては、組織で働く社員それぞれの性格や価値観に加えて、宗教や文化、習慣の違い、家庭状況などを総合的に把握することが重要となる。そして、組織で働く社員は、個人の価値観の違いを受け入れ尊重する姿勢が非常に重要になる。共通の目的を達成するための仲間やチームという意識をもち、仲間の意思や行動に敬意をもって接するプロフェッショナルとしてのチームワークを高め、互いの価値観の違いを肯定的に受け入れていこうとする度量も必要である。

いる。

公平な職場環境の整備

アンコンシャス・バイアスという言葉になじみのある方も多いのではないだろうか。これは、無意識の偏見といわれるもので、人種、性別、国籍、肌の色は、個人の能力と仕事の成果に因果関係がないものの、アンコンシャス・バイアスを引き起こしやすい代表的な因子といわれている。

アンコンシャス・バイアスを防ぐため、採用時のパーソナルシートから国籍や性別などの記入欄を除外したり、チェックリストを用いて自己認知の機会を設けたりするなど、先入観をもたない工夫を積極的に取り入れる動きが多くの企業でも広まりつつある。

では、アンコンシャス・バイアスが今後の経理財務の管理職にとって、どう関係してくるのだろうか。その鍵は公平な評価制度の設定である。これまでも公平な評価制度をどう構築し運用していくかは多くの企業が頭を悩ませてきた課題のひとつであるが、デジタルを駆使する時代では、経理財務部門の仕事の内容、組織、スキルなども大きく変わるため、仕事の成果を評価する基準の見直しは必要不可欠である。

なぜなら、リモートワークや時短勤務などさまざまな形態での働き方や、それぞれが特化したスキルをもち、異なる業務を遂行するチームメンバーを画一的に評価することは困難であり、従来の評価制度では不公平感が高まっていく可能性が高いからである。

特に、経理財務をはじめとするコーポレート部門は、営業部門のような売上による定量的な評価が難しく、業務効率性といった定量的な評価基準の見直し、あるいは新たに別の観点による定量的な評価基準を導入するといった対策は必要になる。これからの経理財務組織に必要なスキルと達成すべき目標に応じて定量的な評価基準を整理し、評価する人も評価される人も納得感のある評価制度を整備していくことが必要である。

もちろん、評価制度のすべてを定量的な基準に落とし込むことは不可能であり、これからも定性的な部分、たとえば人間的な魅力や、コミュニケーション能力の高さといった部分が評価に影響を与える点は、留意すべきである。

このように、デジタル時代に即した評価基準の見直しの必要性はおわかりいただけたと思うが、評価基準の見直しは個人のモチベーションに大きな影響を与えるため、単に評価の仕組みを変えるだけではなく、多様な働き方を定着させ、組織全体に柔軟性をもたせる働きかけも重要だ。たとえば、これまでリモートワークは、子育てや介護のために出勤や残業が困難な場合のバックアップの手段として用いられてきたが、今後は、リモートワークのような働き方を誰もが気軽に利用できるような雰囲気づくりも重要になる。そして、リモートワークを利用しているることが周りと同じ働き方ができない「不足」とみなされるような無意識の偏見はなくしていくことが重要だ。

東日本大震災の際、帰宅困難者が多く発生し、大変な思いをして自宅にたどり着いた経験をもつ方もいるだろう。このような災害が起こったとき、リモートワークという働き方は、決して家庭の事情のために選択せざるを得ないバックアップの手段ではなかったということ、多様な働き方を受け入れることは互いの業務を補完し合うことにつながっていたことに気づいた人も多いと思う。リモートワークに限らず、これまでは周りと同じ働き方ができなかったために評価を下げられてしまっていたケースも、新しい価値観や評価制度をきっかけに是正し、制度だけでなく働き方を自由に選択できるような組織づくりが求められていくだろう。このような柔軟な組織になってこそ、公正な評価制度が機能していくことを理解することが、これからの管理職に求められる視点になるだろう。

多様な価値観に対応したＥＶＰ

多様な人材の多様な働き方が混在するようになると、これまでの組織を中心としたマネジメントから、個人を中心としたマネジメントに移行することは不可避であろう。組織としてのガバナンスを担保するためには、個人のセルフマネジメント力を高め、高い生産性を維持してもらうことが重要になるが、そのためにＥＶＰ(4)のような新しい考え方を取り入れることも重要である。

ＥＶＰは人事部門を対象とした調査でも、認知度がまだ15％と低い新しい考え方で、近年広がりつつある概念である。ＥＶＰは、企業での就労を通じて従業員が受け取る経験やモノを指し、これには報酬に代表される金銭的な価値と、充実した福利厚生やキャリアパス等の非金銭的な価値が含まれている。

ＥＶＰには、社会保障制度の他に、従業員のウェルビーイング(5)を考慮する動きもある。たとえば、リバースメンター制度では、若手従業員が経営層に対して新しいツールの知識や使い方を教えることにより、若手従業員に責任感をもたせるような取り組みにつなげている事例もある。他にも、１人ひとりがキャリアデザインに責任をもてるようなコーチング、希望する業務や部門に異動することができる制度の確立、スキルに習熟するための機会の創出などに取り組む企業もある。

このようにＥＶＰはいくつもの要素から構成されるため、企業が直面する課題の中から優先的に取り組む施策を決定することが重要である。

経理財務部門においては、従来から部門内のローテーションが多い傾向があり、経理財務部門の要員にとって、キャリアパスの少なさに不満を感じる割合が、他部門の要員と比べて高い

(4) 企業が社員に対して提供する福利厚生などの価値。
(5) 身体的、精神的、社会的に良好な状態であること。

傾向があることから、多様なキャリアパス提供に重点的に取り組むことが必要かもしれない。

ＥＶＰの見直しは、部門単体で取り組める課題ではないが、管理職として、チームメンバーが働き続けるような魅力的な環境を提供できるよう、施策を検討していくことが求められるだろう。

これからの管理職に求められる資質とは

ここまで、管理職が取り組むべきことに焦点をあててきたが、ここからは、このような取り組みを推進する管理職とは、どういった人物像なのか、管理職に求められる資質を考察していきたい。

まず、これまでも管理職の資質のひとつであった「リーダーシップ」と「経理財務知識」は今後も必要な要素である。一方で、これからの時代に即した資質として、「データ分析、経営管理、システム、ロボティクスなどの特定の専門分野の知見をもつこと」「エンドツーエンドプロセスの知見をもつこと」「部門の内外、社内外との折衝力をもつこと」「相手の立場や目線にあわせたコミュニケーション能力」といった資質は、これからの管理職にとって重要な要素になっていくだろう。

これらの資質の中でも特に確保が難しいのが特定の専門分野の知見をもつことだろう。たとえば、データサイエンティストの役割は、データ解析に関する深い理解をもち、ビジネスアナリストと連携してビジネスへの脅威と機会を分析することである。当然ながら、管理者にはデータサイエンティストの成果や能力を判断することが求められるが、正当な判断をするためにはデータサイエンティストが保持しているスキルに対する理解・資質[(6)]がなければ、管理者としての職責を果たすことは困難であろう。

しかし、経理財務部門が管理する人材や業務の対象範囲はより広範となり、これにともない管理職に求められるスキルや資質もより多岐にわたることになる。このような役割や管理業務全般をひとりで担うことは現実的ではない。そのため管理職の業務も、経理財務部門内の社員や他部門の協力によって、必要なスキルや資質を補い合う協業の姿勢が必要になるだろう。

成功要因とは

多様な人材をマネジメントする時代では、個人の力量や志向・特性に応じた支援をするだけでなく、共通の目的に向かって各人をつなぎ合わせる高いレベルのコラボレーションが求められるだろう。これからのデジタル時代に即した経理財務部門に変革していくには、個人が裁量

(6)　データ分析手法やビジネスの脅威の捉え方、ビジネスモデルを理解することなど。

権をもち、1人ひとりがプロフェッショナルとして仕事を全うし、仲間同士が互いに尊重し合える人材が求められる。そして、管理職は社員1人ひとりに真摯に向き合い、柔軟な風土をつくり上げていくことが新たな時代のタレントマネジメントの突破口となる。

チームメンバーをこれまで以上に注意深く観察し、仕事だけではなく、ちょっとした変化等に気づいて積極的にフォローをすることや、役職や組織を超えてカジュアルな交流の場を設ける工夫など、今のチームメンバーの置かれている環境に即して、些細なことから取り組みを始めることが重要だ。

また先に述べた通り、社会的課題に即した新たな評価制度や報酬制度の体系構築も重要である。一朝一夕で完成するものではなく、かつ、全社的な取り組みに発展させていく必要もあり、非常に困難な道ではあるが、優秀な人材を登用し、健全な組織の成長のためには避けて通れないだろう。

こうした改革を成功させるためには、管理職として予算の制約を踏まえながらも、多様な働き方やロールモデル、スキル、これからのビジョンを明瞭に発信しつつ、組織文化や時流になじむように短いサイクルで試行錯誤を繰り返し、社員との対話を通じて常に改善を続けることが成功への軌跡となるだろう。

7 スピーディなテクノロジー導入

長期にわたり、多くの日本企業は、競争力向上のため情報システム化を積極的に推進してきた。しかし、1990年代まではシステム化の過程において、事業あるいは部門の個別最適化を優先し、企業全体の最適化には手をつけられなかった企業が多い。

この結果、システムは複雑になり、企業全体での情報管理やデータ管理が困難となっていった。また、データや情報資産を数多く保有しているにもかかわらず、システム間の連携が難しく、組織間のオペレーションや情報が分断されるといった課題に直面するようになった。そこで、一部の企業は、この課題を早期に認識し、対応策として2000年以降に、購買、製造、販売、経理などの企業活動をつなぐERPシステムを取り入れるようになり、現在ではほとんどの企業でERPは企業活動を支える、なくてはならないシステムになっている。

しかし、経営の実行スピードを加速すべき昨今では、既存のERPシステムで企業活動を記録し、抽出されたデータを用いてエクセルやアクセスといったツールを活用してデータ分析を行う、といった手法に限界が訪れようとしている。

もちろん、ＥＲＰシステムはこれからも企業の根幹をなす土台としてなくてはならない仕組みではあるが、デジタル時代に対応したテクノロジーの活用が必要不可欠になってきている。

しかし、デジタル変革の必要性を十分認識していたとしても、多くの場合、日本企業のＥＲＰシステムは地域や会社ごとに別インスタンスで導入されていることや、アドオンといわれるＥＲＰシステムの標準機能以外の開発を実施してカスタマイズされている、さらにはＥＲＰ導入が会計や人事の単独導入というケースが多く、本来の意義であるオペレーションの一元管理ができていなかったり、既存の周辺システムとの間でデータ・プロセスが整流化されていないといったように、思うように活用できていないケースもよく見受けられる。

これまで個別最適の視点を優先してきたために、デジタル変革を進める際に大きな足かせとなり、さまざまな課題に直面している企業も多いと思うが、これを機に、企業全体の最適化の視点に意識を切り替え、関係者を十分に巻き込んで全社規模での変革を推進していくことが重要である。

自社に合うテクノロジーを見極めるには

近年、クラウド型ＥＲＰ、ＥＰＭ、ＲＰＡ、自然言語処理、ブロックチェーン、およびＶＲ

といったテクノロジーの進化は著しく、特に欧米の先進企業では最新のテクノロジーを積極的に活用する動きが加速している。このような先進事例を参考に導入するテクノロジーを決定し、デジタル変革を推進することも間違いではないが、企業が抱える課題、組織の構造、これから目指す姿がそれぞれ異なる点を踏まえると、やみくもに先進企業の事例にならうことだけが、デジタル変革に対する正しいアプローチとはいえないだろう。

こういった環境下において、今後注目をさらに集めると思われるのが、前述のオンプレミス型のＥＲＰからクラウド型ＥＲＰへの移行である。現在のクラウド型ＥＲＰは、クラウドコンピューティングの特徴を最大限に活かし、世界中の企業の激しいビジネスモデルの変化に追随して最新のテクノロジーや機能を随時導入している。その結果、アドオンの多いオンプレミス環境では難しいとされていた一気通貫した理想のビジネスプロセスを実現するための手段は格段に増加している。

また、システム開発においても大きな進歩があり、テクノロジーが自社に合うかどうかを、プロトタイプを用いて機能を確認しながら見極めることも容易になっている。そのため、デジタル変革の一歩を踏み出すハードルは下がってきているといえるだろう。従来のシステム開発は、要件定義からユーザー受入テストまで工程を切り分けて、はじめにすべてを計画し、最後に完成品ができ上がるウォーターフォール式の展開が一般的だった。ウォーターフォール式導入は、完成まで非常に時間がかかり、要件定義後の要件変更などへの柔軟性が低く、ビジネスモデルやオペレーティングモデルを変更した場合に迅速な対応ができないという課題もあった。

しかし、プロトタイプをスピーディに準備し、ユーザーからのフィードバックにより完成度を上げていく反復開発を採用すれば、変化に柔軟に対応できるだけでなく自社に合うテクノロジーかどうかの見極めもできるため、このような開発技術の進歩も企業にとって追い風になるだろう。

さらに、反復開発を採用する場合、ベンダー選定の基準も変わることには注意したい。従来はベンダー企業の提案力が特に重視されていたが、これからはベンダー企業の提案力だけでなく、プロトタイプを提供するまでのスピードが重視されることになる。

これまでは、ベンダー企業がシステム導入ニーズのある企業に出向き、企業の課題に対する見解、自社所有の人材、知識、経験をアピールし、顧客企業が費用対効果の観点で自社のニーズに合致するベンダーを選んでいたのが実情だった。

これからは「まずはやってみる（Start Small）」という発想のもと、企業のニーズを的確にとらえて、最短のスピードでプロトタイプをつくれる能力があるかどうかが評価のポイントになるだろう。

このような反復開発を採用する場合は、予算管理の仕組みも同時に見直しておく必要がある。

年度ごとに一括の予算取りをするのではなく、システム開発のマイルストーンに合わせて分散型の予算承認プロセスへ変更することが望ましいだろう。

欧米での先進事例を見ると、ベンチャーキャピタル投資の考えを取り入れ、細かな開発マイルストーンを設定しておき、ひとつ目の開発ゴールをクリアしたら開発の継続を決定し、ゴール未達の場合は早期に中止するような柔軟な予算管理のほうが、よりデジタル時代にフィットするだろう。

部門の壁を越えた連携

今後、テクノロジー変革を進めるには、部門間の壁を越えて情報連携を行い、会社の課題や要件を吸い上げる体制の構築が不可欠である。特に、テクノロジーを導入する際、システム部門だけではなく経理財務などユーザー部門がテクノロジーの知識をもつことが重要になってくるだろう。そのためにも、テクノロジーと業務の知識をもつ人材の育成を進めておくことも重要である。システム部門と密接に連携し、お互いのもつ知識やスキルを共有し、互いに知識を高め合える関係性を構築していくことも大切である。

このような部門を越えた協業体制が可能になれば、経理財務部門において、ＡＩの導入によってデータ分析の精度がどう変わり、他部門にどんなインパクトがあるのかを検証したい場合、ただちにシステム部門に要件を共有し、小規模のチームをつくり、プロトタイプを用いて実証する、というようなやり方も可能になるだろう。部門の壁を越え、同じ目的を共有する仲間という意識を醸成していくことは、変化の激しい時代を生き抜き、デジタル変革を進めていく際に重要なポイントとなるだろう。

8 デジタル時代におけるガバナンスとは

デジタル変革の実行段階におけるポイントの6つ目となる「ガバナンス」の解説に進もう。デジタル時代のガバナンスの考え方は大きく2つの観点から考えていく。

ひとつ目は、職務分掌や規定などで設定されている権限設定の見直し、2つ目は、オペレーションの見直しである。

まず、権限設定の見直しであるが、変化の激しい社会において、企業の意思決定にも社会の変化に合わせたスピーディで柔軟な対応が求められることになる。しかし、従来の業務分掌の考え方や権限規定では意思決定に時間がかかり、柔軟な対応ができないことも多く、特に企業規模が大きくなればなるほどその傾向は強くなる。

たとえば、新たな案件やプロジェクトに取り組もうとする場合、プロジェクトの計画書の作成、事前の予算承認、一定金額以上は稟議書を作成、複数階層の承認、という多くのステップが必要になるケースは非常に多い。これは、組織体制と役職に応じて権限が付与されていることが理由であり、部門の枠を越えた人材登用を困難にし、人事調整のスピード感と柔軟性を欠くことにもつながっている。

他にも、権限設定は企業の承認規定にも影響を与える。たとえば、内部統制は人が主体となって対応してきたが、今後は、業務自動化の進化にともない業務の主体はテクノロジーへ移行していく。しかし、テクノロジーへ権限を委譲した場合、緊急事態が発生したとき、事態に応じた臨機応変な判断を求められるが、テクノロジーが自ら判断を行うことはできないため責任の所在も不明確になってしまう。あるいは、伝票の承認権限をテクノロジーに与えたとして、監査において指摘があったとしても、テクノロジーのせいにはできない。

そのため、テクノロジーへあらゆる職務権限を与えることは適切ではなく、あくまでも職務権限をもった社員の業務を円滑に、効率的に行うためにテクノロジーを活用する考え方でなければならない。その点においてはシステムによる自動化の時代と同様、誰がその仕組を活用するかという観点では変わらない。テクノロジーの活用により職務分掌の見直しを行う際には、本質的に必要な職務分掌がテクノロジーを活用した自動化により省略されてしまわないよう注意が必要である。

この点に注意して、ガバナンス体制に破壊的テクノロジーを活用することにより、コスト削減やリスク管理のレベルアップ、統制効力の向上も期待できる。現状、39％の企業はいまだ内部統制に破壊的テクノロジーを活用できていないことが、ＫＰＭＧの調査により明らかになっているが、今後ますます導入が進むものと予想される。

次に、オペレーションの観点ではどのような見直しが必要になるだろうか。従来の権限設定は、職務分掌により担当者と承認者という大きく2つの階層に分け、内部統制の有効性を担保する仕組みを構築していた。これまでは、人が実施する作業のミスや不正のリスクをゼロにすることができないということを前提とし、権限設定や業務設計を行ってきた。

たとえば、データ照合、証跡との突合作業、多重承認プロセスはこれらのリスクを軽減するための仕組みであった。しかし、デジタル化により多くのマニュアル業務が自動化されれば、データ入力や確認漏れなどによる人為的ミスの発生はゼロにすることができる。またテクノロジーを活用し、ミスや異常値の検知が可能となることで、人が介入する業務は劇的に削減されるであろう。これにともない、承認規定の見直しや簡素化によりガバナンスを強化させつつ、効率化を進めることが可能となる。

一方で、デジタル時代だからこそ新たに検討すべきこともある。それは、システムの脆弱性に対応することである。あらゆる情報がデータ化されネットワークでつながり、多くのシステムやデータはクラウドに構築されるようになると、クラウドといったインフラがダウンした場合、業務が迅速に復旧できるかどうかは会社のビジネスに大きなインパクトを与える。現在でも、システムダウンといったリスクへの対応策は講じられているが、今後はより一層、緊急時対応や脆弱性対応を強化していく必要がある。こういった緊急時の対応も含めたガバナンス体制の見直しが必要となる。

日本企業の多くは、これまでもデジタル変革の必要性は認識していたものの、なかなか一歩を踏み出せなかった企業が多いのではないだろうか。仮に、一歩を踏み出していても、部門単体での取り組みになり全社的な変革まで手をつけられていない企業も多いだろう。

グローバル先進企業では、デジタル技術を積極的に活用し、会社全体を通した変革を推進する動きが加速しているにもかかわらず、日本企業はまだデジタル変革に取り組み始めたばかりと評価せざるを得ない。

では、グローバル先進企業は、なぜいち早くデジタル時代の波に乗ることができたのだろうか。この違いを生み出したのは、グローバル先進企業は、Start Smallという考えをもち、新しいことへチャレンジする意識を醸成できていたことが理由のひとつだろう。日本企業は、企業規模が大きくなればなるほど、失敗は許されないものと考える傾向があり、失敗のリスクを避けるために検討に検討を重ねて計画を策定し、多くの稟議を通して、やっと計画実行に進むことが一般的である。

しかし、これからの時代、スピード感をもって仕事を進めることはますます重要になるだろう。

たとえば、昨今身近な決済手段になっているQRコード決済サービスは、2018年のサービス開始から1年で、認知度は20代から40代までの若年層および中年層を中心に向上著しく、私たちの暮らしも大きく変化していることが実感されるだろう。QRコード決済は、日本国内ではここ数年の動きではあるが、海外ではすでに一般的になっている国もあり、社会全体でのデジタル化にも、グローバルと比較すると後れをとっているのが現実である。このように、デジタル変革は想像を超えるスピードで進化を続けており、これまで他社の動きを注視していただけの企業も、早期にデジタル化に対応しなくてはいけない時期に来ている。

もちろん、デジタル化を推進しようとしても、国内での事例がまだ少なく、一歩を踏み出すことに不安を感じる企業も多いだろう。しかし、第3章で解説してきたデジタル変革の実行段階に重要になる6つのポイントを押さえることにより、より効率的に失敗の少ないデジタル変革を推進していくことが可能になる。

日本企業でRPAやAIといったデジタル技術を導入している企業の大半は道半ばであり、他社事例が少ない状況の中、デジタル変革に取り組むことはリスクが高いように思われるが、自社が目指すべき姿、事業戦略を立案していけば、活用すべきテクノロジーは次第に明確になっていく。同業他社の動きを注視するだけでなく、自らが先頭を行くつもりで、これからのデジタル変革を加速させることが期待されている。

第4章

未来志向のCFO・経理財務部門を目指して

これまでの章で、破壊的テクノロジーの経理財務部門への影響やイノベーションの起こし方などについて触れてきた。この章では、最先端で検討を進めている企業の事例紹介を通じて、今後検討を進めようとしている各企業の経理財務部門の示唆となる内容を提示する。

1

事例 A社における経営管理強化

100カ国以上の拠点で事業活動を展開する製造業A社では、従来から製品別の収益管理を行っていた。グローバル競争が加速する中、刻々と変化する環境に対してタイムリーに問題を把握し打ち手を講じていく必要があるが、過去の慣習やIT上の制約などから次のような課題を抱えていた。

・従前の収益管理は実績や結果指標の把握だけで、表計算ソフトでのレポート作成が中心であった。このため、変化に柔軟に対応できる管理属性の設定や組織変更ごとに設定が必要な配賦基準の見直しなどといった拡張性に乏しく、経営層の期待に十分に応えられていなかった。

・本来、実績・見通し・事業計画それぞれの比較や相関分析が必要であるが、担当部門が分散していることから、統合レポートを作成するまでには複数のシステムからの情報収集・データ連携に多大な工数を要していた。

こうした現状を打破すべく、グローバルレベルでのプロジェクトが発足、経営層をはじめ経理や事業企画など各部門の期待は非常に高かったが、これまで構築された仕組みの抜本的改革は、その実態の把握だけでも想像以上に困難を極めた。特に厄介であったのは、分散されたデータ集計を改善するためにはグローバルレベルでの一元化が必須であり、これまでの業務の在り方やデータ連携方法を根本的に見直さない限り、その実現は難しいという結論に達した。

また、それを実現する上でのシステムは自社開発のものであり、膨大な運用管理を要していたことから、刷新後のシステムコストは自社運用のままだとさらなるコスト増を引き起こすのではないかという懸念も生まれ、プロジェクトが暗礁に乗り上げようとしていた。

このような状況下で、A社は外部コンサルタントを活用したところ、米国や欧州企業では従来の予想を大きく超えるＥＰＭツールの運用事例が多数あること、機能面でもA社のニーズを十分に満たすことができること、導入コストも自社開発に比べ数分の一で収まることが判明した。

複数ツールの慎重な比較検証を経てプロジェクトが再スタート、短期間での適合性評価を実施した上で、従来の開発手法であるウォーターフォール型の開発を採用せずに、アジャイル型を採用、ユーザー部門と情報システム部門が同時並行で要件を定義・修正を実施するというかたちをとることで導入の短期化を推進できた。加えて、組織横断的に取り組むことで各部門の事情より全体最適の思想を優先し、新しい文化形成につながったという副次的なメリットも生むことになった。

いくつかの難所はあったものの、順調に開発・データ移行を実施。経営層から従前の表計算ソフトの一切の使用不可といった指示もあり、新システムへの移行は全社をあげて実施、現在では安定的に運用がされている（図表4―1）。

今回のシステム導入を通じてA社が得たベネフィットは次の通りである。

・従来複数あったデータウェアハウスのグローバル一元化に成功、製品企画から製造・販売・経理まで一気通貫のデータ検証を高速で実現できることになり、真の意味でのライフサイクルコスト管理の実現に寄与した。

・ＥＰＭツールの高い機能を活用し高速でのコスト配賦や複数年でのデータシミュレーショ

図表4－1　製造業A社の新システムで可能になったこと

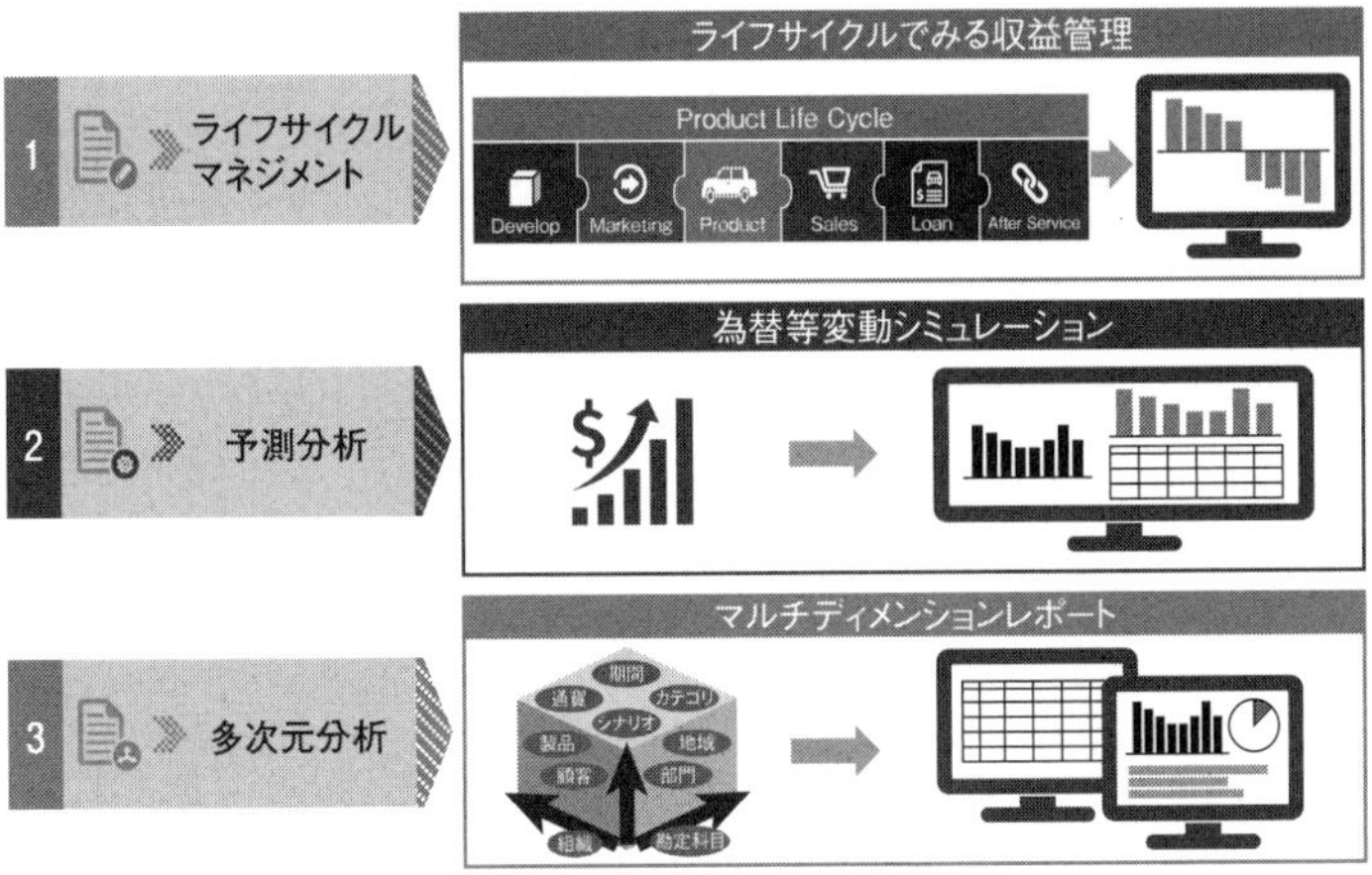

（出所）KPMGコンサルティング

ンを実現。

・メールや電話で確認していた各部門のステータス管理を新システムのモニタリング機能を活用することで可視化に成功、大幅な待ち時間の低減と無駄のないコミュニケーションを実現。

・数週間かけていたレポート作成が数日程度まで大幅に迅速化されるとともに、為替や原価シミュレーションをリアルタイムで実現。

そして何よりも、経営層が実態を早期に把握することで問題のある製品をいち早く把握、タイムリーに打ち手を講じて収益改善に多大な貢献があったため、新業務・システムが全社的に高く評価されたことが大きい。

2

事例　B社における内部統制の強化

事業の特性上、海外現地法人を数多く抱え、国内にも営業拠点を多数展開している産業材メーカーB社の内部監査部門では、以下のような点に頭を痛めていた。

・内部監査部門はベテラン社員が大半を占め、過去の実務経験に基づく不正取引の発見や対処には企業内からも高い評価がされている一方で、予防的コントロールへの対応不足や、ベテラン社員から次世代の内部監査スタッフへのノウハウの継承や人材育成は大きな課題であった。

・M&Aなど業容拡大により増えた子会社への往査については現状の要員数では十分にカバーできていないだけでなく、実際に海外子会社で不祥事が発生しているが、対処の大半は事後的であり、再発防止策が講じられていなかった。

・ビジネスのデジタル化が進み、従来の経験や勘では予期できないような不正が多く発生しているが、現在の社員ではテクノロジーに対する知見が不足しており、内部監査業務そのものが機能しない恐れが生じていた。

このような悩みはB社に限らず、多くの日本企業で発生していると推察する。特に言語の問題をいまだ抱えている企業では、海外子会社での不祥事に対して予防的コントロールの強化を検討しても、現地法人の経営者や管理職との意思疎通が十分でなく、結果「現地のことは現地に任せた」という形式的な権限委譲が横行し、実態は各国の実態を把握することなく不正を見抜けないケースは多いのではないか。

こうした状況を打破するために、B社では「内部監査のデジタル化」をキーワードにプロジェクトを発足、GRCと呼ばれる内部監査強化ツールを導入することで、予防的・発見的双方のコントロールの強化を実現できただけでなく、従来のベテラン社員の勘と経験に基づく監査業務から科学的にデータを分析、過去の不正パターンを可視化することで暗黙知から形式知への転換をスムーズに進めることができ、少ない要員でも多くの拠点往査をオフサイトでも実施できることでカバーする仕組みづくりに成功した（図表4―2）。

最新のGRCツールでは次のような特徴がある。

図表４－２　Ｂ社の内部監査のデジタル化

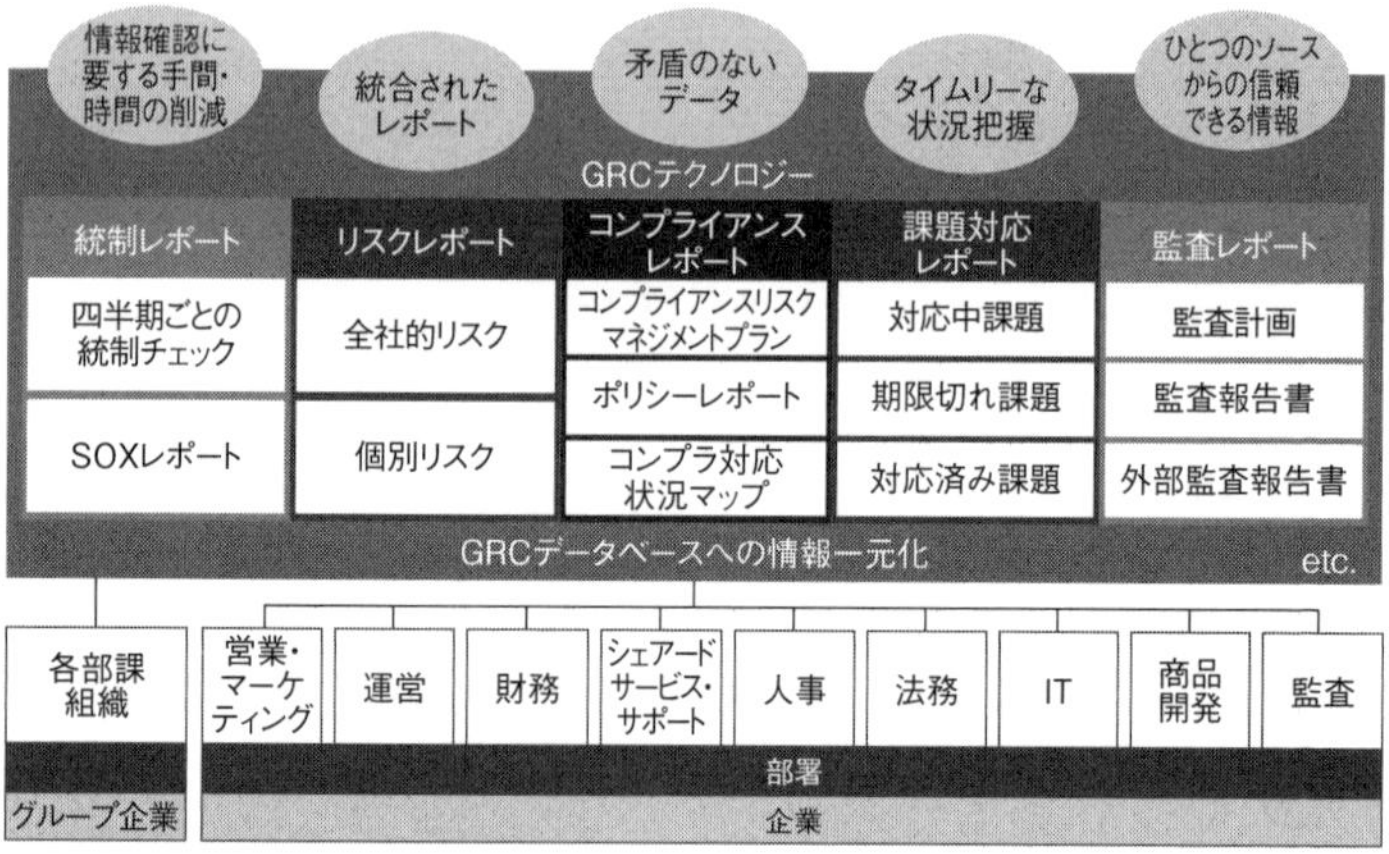

（出所）KPMGコンサルティング

①大量の文字データを分析し、頻出するリスクキーワードや関連するキーワードの組み合わせを分析可能。

②さまざまな社内文書（報告書、議事録、営業記録など）を解析し、人では気づくことが難しいリスクの特定やリスクの傾向（分類、時間的推移、量的推移など）と原因となるような事象との関連性を分析。

③システムの操作ログや取引データを解析することで、業務処理をパターン別（たとえば受注から回収までのプロセスの中で与信管理方法や請求方法の違いによる分類）に可視化できる。

④あるべき業務や統制との比較分析をすることで、規定を遵守していない取引や業務を特定。同様の業務プロセスを店舗別、子会

図表4－3　B社のリスクアセスメントの取り組み

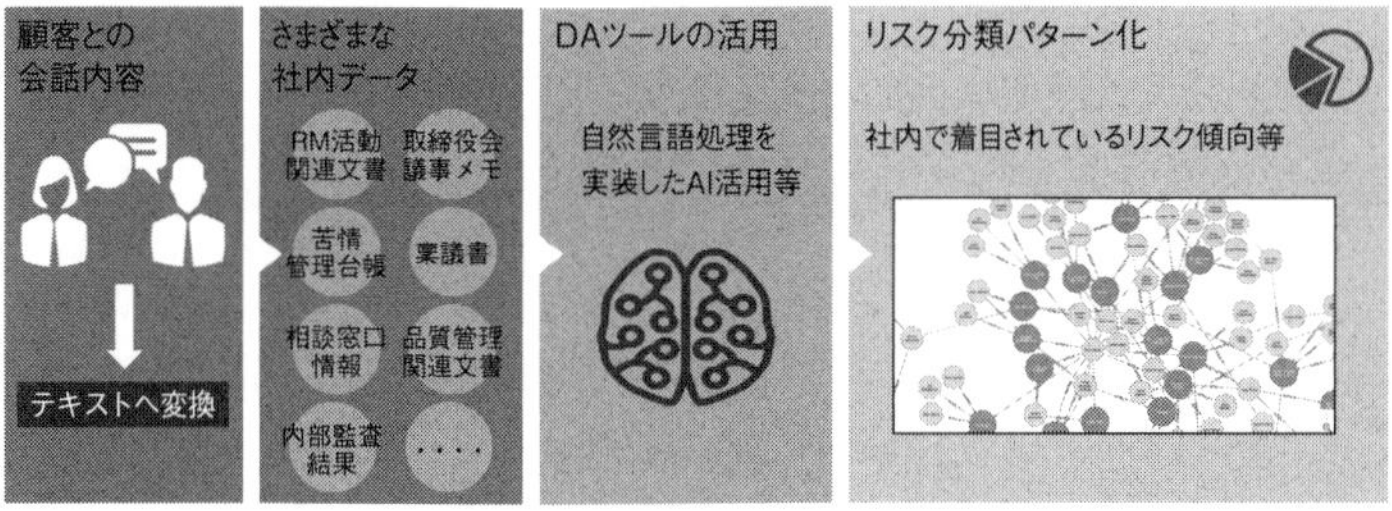

（出所）KPMGコンサルティング

社単位別などで比較することができ、業務効率がよくないプロセスに対して原因やボトルネックの分析が可能。

こうした機能の実現には、第1章などで前述の自然言語処理やプロセスマイニングといった新技術が大きく寄与している。

昨今では、会議中の会話や通話履歴などをテキスト変換して情報として格納できることは周知の通りであるが、これら非構造化ビッグデータを、自然言語処理機能を活用することでデータの構造化を実現、あらかじめ登録されたリスクキーワードと関連する文書の出現状況を分析することで、リスクアセスメント等の取り組みに活用するができる。こうした機能はB社に限らず、営業店作成書類に基づくリスクの傾向分析、不正兆候の有無の分析事故内容、不正事例・手口の分析などにも活用されている（図表4―3）。

また、各業務の流れの全パターンを、取引およびイベントログ、タイムスタンプなどの情報を活用して申請・査閲・承認等の経由している業務手順の時系列で件数と時間を含めて可視化することがプロセスマイニングによって可能になる。どの業務に時間を要しているか、イレギュラーな業務対応の特定とその発生原因の抽出、さらに、AI機能に業務パターンのクセを覚えさせ、例外処理等が発生する傾向が生じた時点で、関係者にアラートを自動で出すといった活用の仕方もある。

そして、これら機能を包括的に管理、経営層に対してよりわかりやすいかたちで報告・現状を可視化するためにダッシュボードを導入、レポーティング業務の大幅な効率化・省力化を実現するとともに情報のリアルタイム性を強化、事後報告になりがちな不正実態の把握や対処に対してタイムリーに打ち手を講じるきっかけにつながっている（図表4—4）。

さらに、ダッシュボードの導入は経営層だけでなく物理的に離れた拠点での業務実態をいち早く把握できることにつながり、蓄積された不正パターンやイレギュラーな業務プロセスなどの情報に基づく自動化されたテスト実施などを通じて、本社の内部監査部門がオフサイトでの往査も十分可能になっている。内部監査部門はこれら機能によって創出された工数をより重要な往査などに活用することができ、結果として内部監査の品質向上に大きく貢献できたことは大きい。

図表4－4　B社の不正にタイムリーな打ち手を行う仕組み

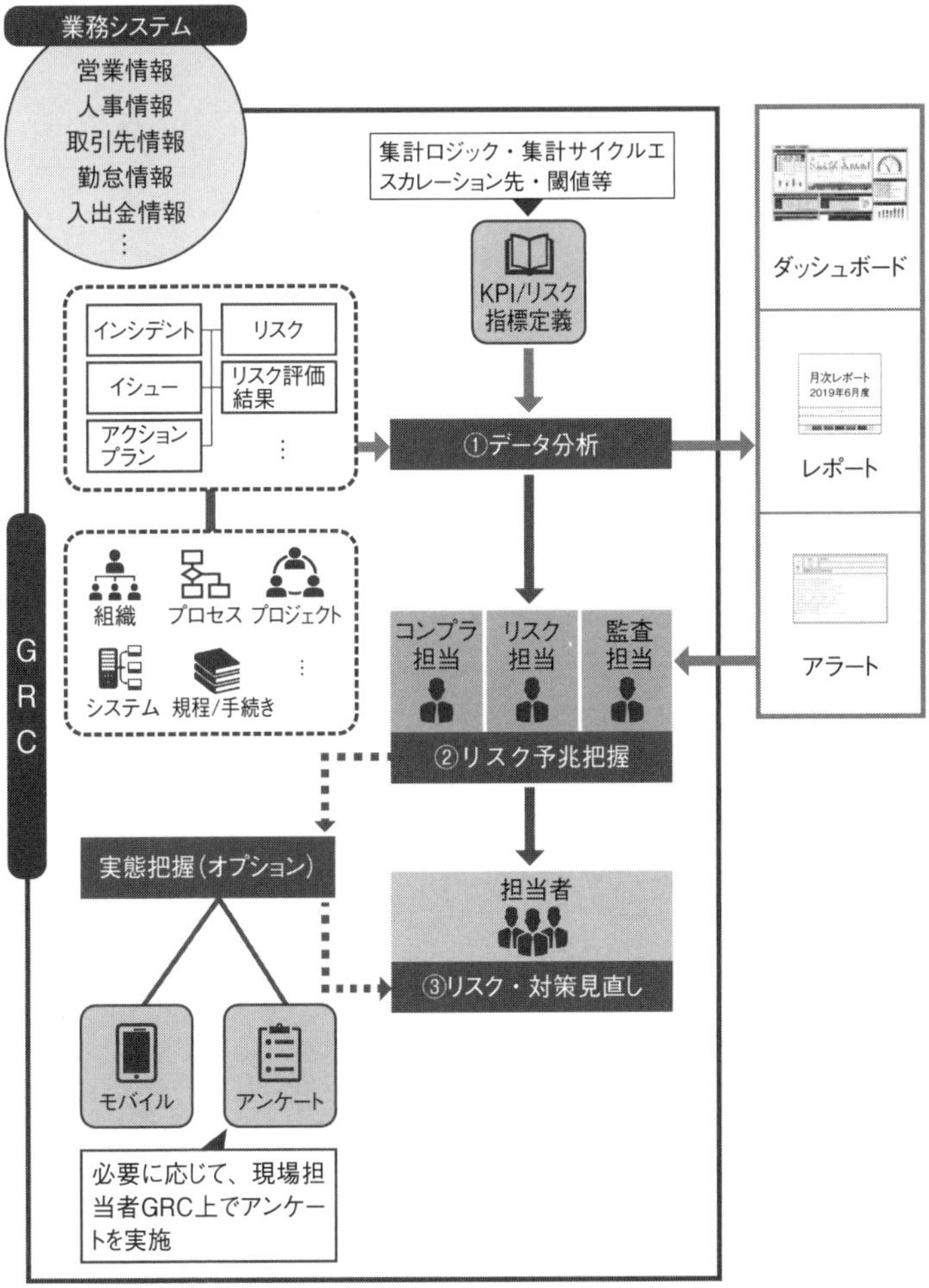

（出所）KPMGコンサルティング

3 グランドデザインの重要性

以上、最新の2社の事例を紹介したが、これら取り組みから見えてくることは以下の3点である。

初期段階での経営層のニーズの把握

第2章を中心にすでに述べているが、これからの経理財務部門は単に財務諸表の作成・集計・開示業務を担当するだけでは経営層のニーズには対応できないことは明らかである。経理財務部門は常にグループ全体を横断的に把握し、攻めと守りの両面で経営に貢献することが求められている。

そういった意味では、経理財務部門の改革を一部門の取り組みとして考えることが誤りであることを肝に銘じるべきである。常に経営層のニーズに耳を傾け、真に経営に貢献する経理財務部門を目指すために諸施策を考えるべきであり、個別の取り組みありきで進めることは後工程において矛盾や手戻りを多く発生させるリスクが高まることを意味する。

A社のケースでは、経理財務部門と情報システム部門が、プロジェクトの目的や成果を十分に相互理解をした上で営業管理部門や工場管理部門とも緊密に連携したことが重要成功要因として全社的に認知されただけでなく、経理財務部門主導で経営の意思決定の早期化に貢献できたことが何よりも大きなことであるとCFOからも高い評価を得ている。

とかく具体策や各論に走りがちであるが、こういったテーマに取り組むためには初期段階の全体像を立案、経営層を中心に全社キーマンの理解を取りつけていくことが重要である。

デジタル技術は手段であり目的ではないことを再確認すること

前述の通り、デジタル技術の進歩は想像以上のスピードで進展しており、従来では考えられなかったことが十分実現可能になっている。特に統合業績管理の分野、決算プロセスやリスク検知機能の自動化といった領域では顕著であり、定量効果が得やすいことから検討が容易である側面がある。

しかしながら、第3章でも述べている通り、個別最適に走った施策は成功に結びついたとはいえず、その多くは新技術への手段偏重からくる業務やマインドセットの変革といった目的への考慮が不足していたことは否定できない。

B社のケースでも、元来の問題意識はベテラン社員が中心の内部統制部門における継承問題から端を発したものであり、そこに最新テクノロジーがどう寄与するかという流れで議論を進めたことが成功要因である。

今に始まった話ではないが、あくまでも技術は手段であり、明確な目的と意図があってはじめて技術が輝くものであることを、再認識する必要がある。

着眼大局・着手小局

ここでは日本語で表記しているが、これはまさに前述の「Think Big」「Start Small」「Build Momentum」のことである。

私たちコンサルティングファームが多くの企業のプロジェクト支援をする中で、プロジェクトの成功のために常に大きな視点をもちながらも、その実現には多大な時間と労力が必要であり、進行過程が長期化すればするほど目的意識が希薄になったり、経営層から投資に対する結果を求められても答えられなかったりすることが多発する。

そのため、プロジェクトの進め方として全体を押さえながらも取り組み単位は各担当者が把握できるかたちにして、小さなゴールを積み上げていくことで最終ゴールを達成するというアプローチを適用することで、経営層からも進捗の把握がしやすいだけでなく、プロジェクトに

図表4－5　グランドデザインの策定

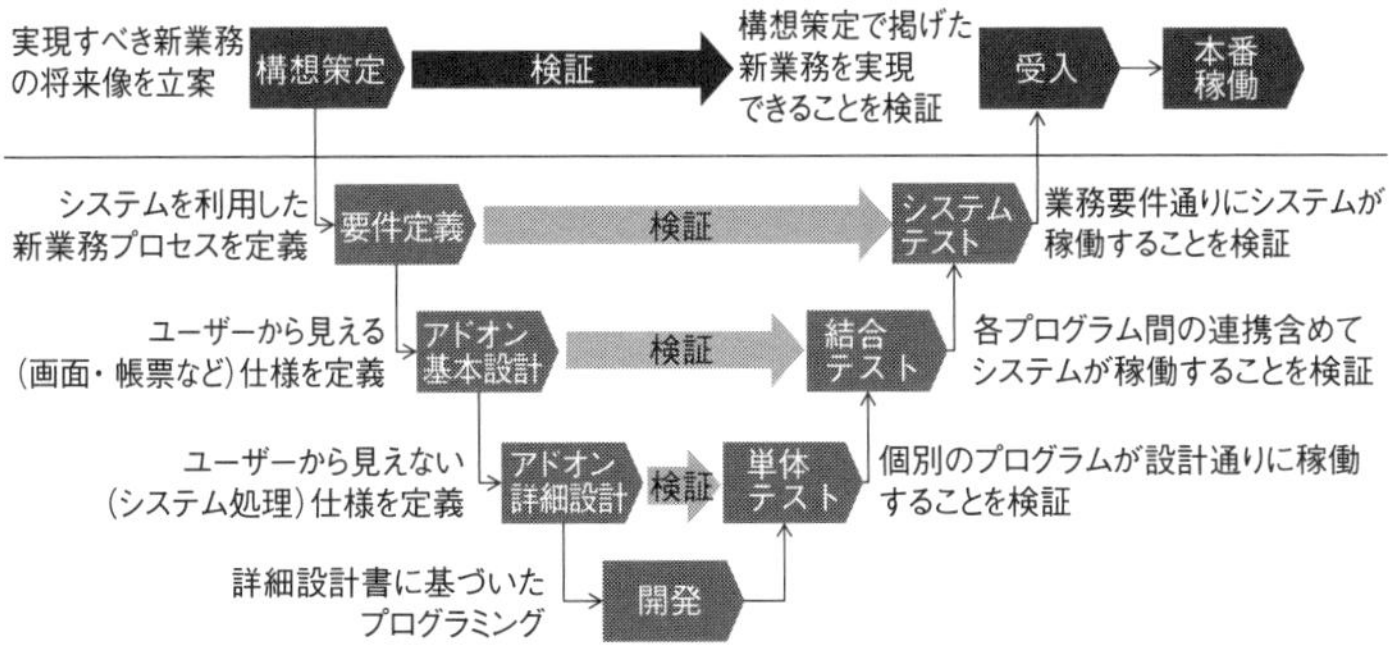

（出所）KPMGコンサルティング

従事するメンバーにとっても成功体験を積み重ねていくことで自信をもち、より前向きに活動を進めていくことができる。

加えて、再三申し上げる通りデジタル技術の進展は急速であることからも、初期段階で策定されたプロジェクト計画を固定的に考えるのではなく、柔軟に日程や要件変更を受け入れることも時には重要である。多くの場合、新技術を適用することでプロジェクト期間の短縮化や機能改善が図られるので、積極的に変更管理を実施していくことが求められていくようになる。

以上、3つの教訓を踏まえ、取り組みの初期段階では、取り組みの品質的な目的やゴールの確認および経営への意義について企業全体で徹底した議論を進め、その結果としてのグランドデザイン（鳥瞰図）を作成することが極めて重要である。もちろん、その後のプロジェクト進行状況や新技術の発展により想定していたゴールの一部や達成時期が変更になることは十分可能性があるが、根幹の理念や方針が揺るぎないことで、各人の意識統一がなされていれば大きな問題にはならず、目指すゴールに向かって邁進することができると考える（図表4―5）。

次に、デジタル技術を活用したグランドデザイン策定にあたっては、弊社の経験から次の点が重要になってくると考える。

①業務・システム上の主要課題が洗い出されていることを前提に、現在の環境下では自社ですべてを解決することは現実的でないことを認識し、他社との連携を積極的に推進、新たなエコサイクルの構築がカギであることを認識すること。

②デジタル技術の最新動向をタイムリーに把握するために、情報システム部門や外部専門家の関与は初期段階から想定すること。

③実行計画策定にあたっては、期限や達成目標について固定的な発想ではなく、将来のデジタル技術の急速な台頭など予測できない事象が常に発生することを前提に柔軟に、かつ余裕をもったスケジュールを策定すること（ただし根幹の理念を変えるということではない）

④プロジェクトリーダーは先見性をもった優秀な人物を選出することは当然だが、デジタ

ル・実務・ＩＴすべてを把握できる人材を求めることは現実的ではなく、リーダーシップも複数の人間で推進していくこと。

⑤これらに対して経営層の承認と関係者の合意形成ができること（これが一番難しい可能性があるが）。

以上を総括すると、従来の発想やアプローチではなく新しい時代に合わせてプロジェクトマネジメントを再定義する必要があり、過去の価値観で取り組みを判断することがないよう、経営層も積極的に最新のデジタル技術や各社の動向を観察する必要があると考える。

4　デジタル・ファイナンスへの備え

前節ではグランドデザインの重要性について述べてきたが、それだけ画一的に方向性や成果を定義すること自体、非常に難しい時代になったということだといえる。

最新のデジタル化の状況に精通し、かつ現場の実態を把握できる経理財務人材は現時点では極めて少数であることは洋の東西を問わず共通であり、それゆえに人材育成の重要性がますます高まっていることは間違いない。

第3章でも経理財務人材のスキル形成に関する記述があるが、この章では別の角度から保有すべきスキルについて述べてみたい。

図表4―6は、The Future of Jobs, Forrester PodcastをもとにKPMGが作成したものであるが、このようなスキルの形成は、多くの企業にとって従来の経理財務部門の研修体系では大半がカバーできないのが実態であろう。

経理財務部門がデジタルの専門家になる必要はないが、経営情報の統合役として経理財務部門が活躍するためにはデジタル・業務・プロジェクトマネジメントを包括的に理解し、各部門や外部関係者とのコラボレーションを推進できる人材が不可欠である。

「データの活用とテクノロジー」の内容についてはすでに各章で再三述べているが、この領域は先に述べた外部採用や情報システム部門からの人材受け入れなどで対処していくことが現実的ではないかと考える。

「行動」については、もはや経理財務部門ということではなく会社全体で共通して保有すべき領域ではあるが、特にプログラムマネジメントスキルについては喫緊の課題として人材育成や研修プログラムの推進に力を入れていく必要があると考える。

図表4－6　経理財務人材に必要なスキル

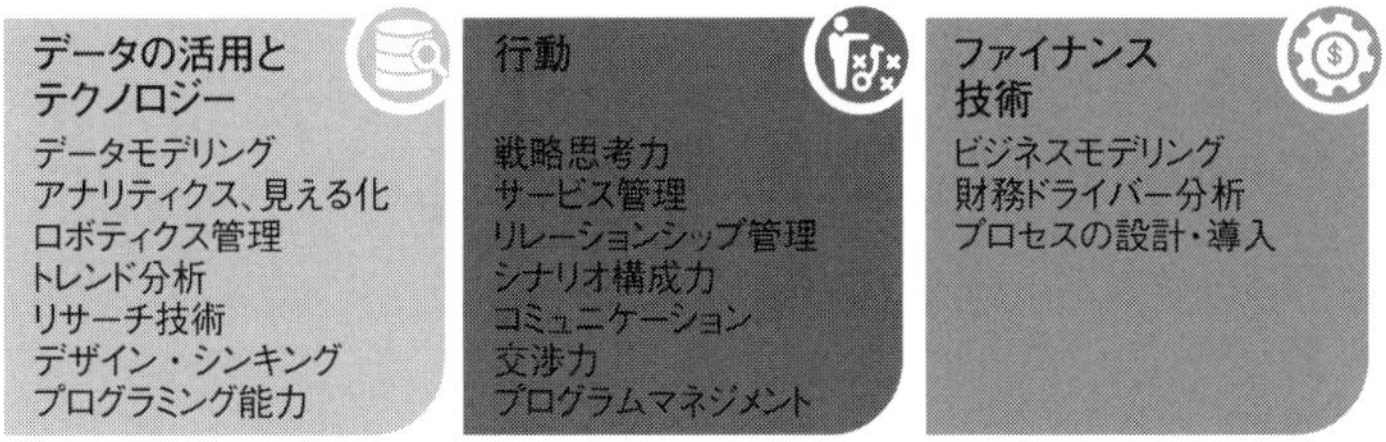

（出所）Forrester Podcast「Man and Machine: The Future of Jobs」よりKPMG作成

「ファイナンス技術」の領域こそ、これからの経理財務部門が一番重要視すべきスキルではないかと考える。データサイエンティストに対して、経営視点で洞察力を働かせるためにどのようなデータ分析が必要か、現状のシステムやデータフローを理解した上でリクエストを出し、開発を依頼できる関係性をもった「業務とシステムの橋渡し役」ができるかどうかが、こうした技術を身につける上で最も重要である。

このようなスキル構築は、中期的に研修体系の抜本的見直しないしは再構築が必須であるが、大半の企業がそれを待つ余裕がないのが実態であろう。当面は外部研修などを積極的に活用して推進していく必要があろう。

これだけ保有すべきスキルの幅が広がっている状況では、すべての内容を個人がカバーすることはもはや現実的ではなく、企業の情報の番人というだけでなく経理財務組織の統括としてのCFOの役割はますます複雑化する一方である。

図表４－７　経理財務組織の要員配置

（出所）KPMGコンサルティング

図表４―７はＣＦＯを支える将来の経理財務部門の要員配置をイメージ化したものである。従来の要員配置と大きく異なる点として、経理財務部門としてよりアナリティクスや意思決定支援に貢献していくためには、データサイエンティストの役割が大きくなっている点である。

データサイエンティストの特徴としては、外部市場の深い理解をもって経営工学や各種統計解析の手法を駆使し、データ・事実主体で曖昧さを排除して、ビジネスモデルの潜在的な変化に影響を与えることができる人材であり、こうしたスキルを活用して、経営層に対して従来では発見しえなかった着眼点や分析結果を提示できることが重要である。

一方で、データサイエンティストが現場の実情を知っているかどうかという点や、幅広いビジネス知識と深い財務会計の専門性をもち、複数の組織間のコミュニケーションを効果的に実行できるかどうかは別問題であり、そういった部分をビジネスプランニング担当がカバーすることで、実効性のある改善策の立案に貢献し、非常に価値の高い情報提供が可能になると考える。

こうした新しい活動を通じて、経理財務部門は本来求められているデジタル技術とデータを活用したビジネスパートナーとしての役割にシフトできることになる。前述の情報や打ち手とともにマクロ情報などと合わせ市場のトレンドを押さえ、高い洞察力でビジネス戦略を立案できることが可能になる。こうした高いスキルをもったメンバーが連携しあうことがデジタル・ファイナンスを目指す上で重要な備えになると考える。

おわりに

これまで、デジタル技術が経理財務部門にとって大きな変革の機会になることを述べてきたが、グローバル企業の備えはどのような状況であろうか。

2019年、KPMGがグローバル企業859社のCFOをはじめとするファイナンス部門のエグゼクティブに調査したCFOサーベイ2019の結果では、データ&アナリティクスに関しては25%の企業が、インテリジェントオートメーションに関しては22%の企業がその取り組みを成功させメリットを享受しているという結果が出ている。この比率が多いか少ないかは価値判断にもよるが、まだまだ道半ばであるという見方が大半ではなかろうか。

また、データ&アナリティクス領域においては、データの質の向上（43%）と、個別最適に構築されたレガシーシステムとEPMツールとの連携（38%）といった2つのテーマが、今後予測分析などアナリティクス強化の前提条件になるとしており、逆説的にはグローバル企業もこれら前提条件をクリアできていない企業が半数近く存在する現状が見てとれる。

こうした結果からも、経理財務部門のデジタル変革への道のりは洋の東西を問わず始まったばかりであり、故に先例も少なく、次の一歩を踏み出すべきかいまだに迷っている企業も多いのではないかと推察する。

一方で、前述の通り昨今のデジタル技術の進歩は著しい。たとえば、従来の発想ではデータの一元管理といえばＥＲＰによるワンインスタンス化が喧伝されていたが、良し悪しは別として各国の事情や多数のレガシーシステムをもつグローバル企業において実現への道は簡単ではないことに気づき始めているのではないだろうか。

こういった状況も、昨今のデータ仮想化技術やＥＴＬ機能(1)の高度化などのおかげで、会社の強みとして保有してきた既存の仕組みを活用しながらビッグデータの集約を実現できることもあり、データ基盤への投資は過去に例を見ないほど廉価かつ短期に実現できることが先進事例からも証明されている。プロセス変革、人事制度の見直し、組織改編などと並行して検討していくことで、より短期に所定のゴールに到達できることが可能となっているのである。

デジタル・ファイナンスを目指す将来の経理財務部門および在籍スタッフのキャリアの行く末を決める上で、いち早く取り組みを始めることが業績向上や意思決定の迅速化等にも貢献できることは明らかであろう。

これらのテーマは一朝一夕に実現できるものではなく、中長期的に取り組んでいかなければならないものも少なからず存在するが、「Think Big」「Start Small」「Build Momentum」を体現していくことが重要である。

デジタル時代のCFOおよび経理財務部門の真の変革に向け、本書がそのきっかけとなることを確信している。

最後に、執筆協力者並びにマーケティング部門の、プロジェクト現場での活躍と並行した、昼夜を問わない献身的な対応のおかげで本書を世に出すことができた。また、東洋経済新報社の黒坂浩一氏には我々のさまざまな要望を受け止めていただき、この場を借りて深く御礼申し上げます。

2019年　師走

KPMGコンサルティング
ファイナンスストラテジー&トランスフォーメーション
執行役員　パートナー　後藤友彰
パートナー　山田和延

---

(1) 各システムから抽出、一元管理ができる形に変換した上でデータウェアハウスに送り出す機能。

ー／公認会計士。製造業・保険業などを中心に経理・財務業務改革などのコンサルティングに従事。

豊川　哲（とよかわ・さとし：序章）

KPMGコンサルティング　Finance Strategy & Transformation シニアマネジャー／公認会計士。製造業を中心とした経理・財務業務改革などの経営企画、経理財務領域のコンサルティングに従事。

土方宏治（ひじかた・こうじ：第2章）

KPMGコンサルティング　IARCS ディレクター／公認内部監査人。自動車業界などの製造業を中心に、リスク管理、内部統制、内部監査に関するコンサルティングに従事。近年はデジタルを活用した内部統制や SOX 対応業務の変革支援に注力している。

府中善英（ふちゅう・よしひで：第2章）

KPMGコンサルティング　Finance Strategy & Transformation ディレクター。製造、流通、エネルギー、通信、建設などを中心に、システム導入、シェアードサービス、BPO検討、制度会計など業務改革プロジェクトに多数従事。

宮原　進（みやはら・すすむ：第1章）

KPMGコンサルティング　FinTech Innovation シニアマネジャー。フィンテックを中心とした先端技術を用いて経営課題解消やイノベーション創出のコンサルティングに従事。

村上信司（むらかみ・しんじ：第2章）

KPMGコンサルティング　Finance Strategy & Transformation シニアマネジャー／公認会計士。自動車業界などの製造業を中心に連結経営管理基盤構築、予算制度改革、財務経理BPRなど管理会計・制度会計のコンサルティングに従事。

佐田桂之介（さた・けいのすけ：第２章、第３章）

KPMGコンサルティング　Finance Strategy & Transformation シニアマネジャー。製造業、小売業、サービス業を中心にさまざまな業種の経理・財務部門の業務改革ならびにERPシステム導入に従事。

周　正（しゅう・せい：第３章）

KPMGコンサルティング　Finance Strategy & Transformation シニアコンサルタント。製造業を中心とした経理・財務部門の成熟度診断、業務改革や基幹システム導入などのコンサルティングに従事。

鈴木雄大（すずき・ゆうた：第２章）

KPMGコンサルティング　IARCS マネジャー。自動車業界などの製造業を中心に、IT に対する内部統制・IT を活用した内部統制に関するアドバイザリー業務に従事。

関根岳之（せきね・たけゆき：第１章）

KPMGコンサルティング　Finance Strategy & Transformation パートナー。製造、エネルギー、通信、不動産、商社、公共などさまざまな業種に対して、業務・システムのコンサルティングサービスを提供している。

田口　篤（たぐち・あつし：第１章）

KPMGコンサルティング　Cyber Security Advisory 執行役員パートナー。企業のリスクマネジメント、特にITリスクに関するアドバイザリーを得意とし、20年以上にわたりさまざまな業種に対してリスクコンサルティングサービスを提供している。

立川智也（たつかわ・ともや：第１章）

KPMGコンサルティング　Finance Strategy & Transformation 執行役員パートナー。20年以上にわたりさまざまな業種の経理・財務部門に対するコンサルティングに従事。Finance Strategy & Transformation 部門の責任者。本書では第１章の監修を担当。

友田光泰（ともだ・みつひろ：序章）

KPMGコンサルティング　Finance Strategy & Transformation マネジャ

執筆協力（50音順）

浅沼　宏（あさぬま・ひろし：第２章）

KPMGコンサルティング　IARCSパートナー。リスクマネジメント、内部統制、内部監査などにおいて、企業経営を管理面から支援するIARCSのサービスをリードする。データ分析によるモニタリング、またツール活用によるSOX対応の合理化など、経営管理でのデジタル化支援サービスを提供している。

伊藤雅一（いとう・まさかず：第２章、第３章）

KPMGコンサルティング　Finance Strategy & Transformation マネジャー。製造業を中心とした経理・財務業務改革などのコンサルティングに従事。

衣笠修一（きぬがさ・しゅういち：第２章）

KPMGコンサルティング　Finance Strategy & Transformation ディレクター。経理・財務および経営管理のコンサルティングに従事。近年は主にグローバルCMSおよびデジタル技術を活用した業務改革のコンサルティングサービスを提供している。

小出一成（こいで・かずしげ：第２章）

KPMG税理士法人　FinTechパートナー／税理士。大手金融機関、大手通信インターネットTech企業の国際税務ガバナンス、税務調査代理、税務申告業務に従事。経済産業省経済産業研究所委員、日本税理士連合会国際税務情報研究会委員。

坂上　斉（さかがみ・ひとし：第２章、第３章）

KPMGコンサルティング　Finance Strategy & Transformation ディレクター。製造業を中心とした経理・財務業務改革などのコンサルティングに従事。

【著者紹介】
後藤友彦（ごとう　ともあき）
KPMGコンサルティング
Finance Strategy & Transformation執行役員／パートナー
大手電機メーカー経理財務部門での実務経験の後、外資系コンサルティングファームで経理財務領域における15年以上のコンサルティング経験を経て現職。Finance Strategy & Transformation部門の責任者。専門領域は、経理財務領域における変革ビジョン策定、経営管理体系整備、管理会計システム導入、会計システム再構築、決算早期化、グローバルシェアードサービスセンター設立、アウトソーシング導入、内部統制の整備、グローバル間接業務の効率化など多数。米国公認会計士全科目合格（デラウェア州）。共著書に『企業情報の開示』（東洋経済新報社）、『プロジェクト現場から見た内部統制』『IFRS時代の会計イノベーション』（以上、日経BP社）などがある。セミナー講演・寄稿多数。

山田和延（やまだ　かずのぶ）
KPMGコンサルティング
Finance Strategy & Transformation パートナー／公認会計士
東京工業大学工学部電子物理工学科卒。一般事業会社、大手コンサルティング会社を経て2014年KPMGコンサルティングに入社。IFRS導入、決算早期化、SSC導入、制度連結・管理連結構想策定、組織再編、内部統制支援、予算策定支援、各種規定整備など、経理領域、経営企画領域を中心に、プロセス改善・システム導入のコンサルティングを実施。対象業界は主として消費財、自動車、流通、保険、銀行。共著書に『BtoB決済 デジタライゼーション』（きんざい）、『イチバンやさしいIFRS』（中央経済社）、『統合的業績評価マネジメント』（生産性出版）、『IT業界のための「工事進行基準」完全ガイド』（日経BP社）などがある。セミナー講演・寄稿多数。

デジタル・ファイナンス革命

2020年1月2日発行

著　者——後藤友彦／山田和延
発行者——駒橋憲一
発行所——東洋経済新報社
〒103-8345　東京都中央区日本橋本石町 1-2-1
電話＝東洋経済コールセンター 03(6386)1040
https://toyokeizai.net/

装　丁…………秦　浩司
DTP…………アイランドコレクション
印　刷…………東港出版印刷
製　本…………積信堂
編集担当………黒坂浩一
Printed in Japan　　ISBN 978-4-492-60230-0